hte

Zeitschrift für Ideengeschichte
Heft XVII/2 Sommer 2023

Wannsee

Herausgegeben von
Martin Hollender,
Hedwig Richter &
Michael Matthiesen

Deutsches Literaturarchiv Marbach
Klassik Stiftung Weimar
Herzog August Bibliothek Wolfenbüttel
Wissenschaftskolleg zu Berlin
Stiftung Preußischer Kulturbesitz Berlin
Kunsthistorisches Institut in Florenz – MPI

Redaktionsadresse:
Zeitschrift für Ideengeschichte
Wissenschaftskolleg zu Berlin
Wallotstraße 19
14193 Berlin

www.z-i-g.de
www.chbeck.de

Die Zeitschrift für Ideengeschichte erscheint viermal jährlich und ist auch im Abonnement erhältlich.

Bezugspreis:
Einzelheft: € 20,00 [D]; € 20,60 [A];
als E-Book: € 12,99
Jährlich: € 64,00
inkl. Vertriebsgebühren (Inland); zzgl. € 30,00 (Ausland)
Sonderpreis: € 52,00
inkl. Vertriebsgebühren (Inland); zzgl. € 30,00 (Ausland)
Der Sonderpreis gilt für Mitglieder der mit den Herausgeber-Institutionen und ihren Museen, Archiven, Bibliotheken und Instituten verbundenen Vereine gemäß der Liste auf www.z-i-g.de, für Mitglieder des Verbands der Historiker und Historikerinnen Deutschlands e.V. und des Verbands der Geschichtslehrer Deutschlands e.V. sowie für Abonnenten der Marbacher Magazine.

Abo-Service:
Telefon (089) 38189-750 • Fax (089) 38189-402
E-Mail: Kundenservice@beck.de

Gestaltung:
vsp-komm.de

Layout und Herstellung:
Simone Decker

Druck und Bindung:
Beltz Grafische Betriebe GmbH, Bad Langensalza

ISSN 1863-8937 • Postvertriebsnummer 74142
ISBN gedruckte Ausgabe 978-3-406-80023-8
ISBN E-Book-Ausgabe 978-3-406-80032-0

Verlag C.H.Beck, Wilhelmstr. 9, 80801 München

myclimate
klimaneutral produziert
www.chbeck.de/nachhaltig

Im nächsten Heft: Luhmann. Mit Beiträgen von Petra Gehring, Detlev Pollack, Danilo Scholz, Barbara Stollberg-Rilinger und weiteren.

Zum Thema

Hier ist so viel Deutschland: Ausflugsschiffe und Biergärten im romantischen Abendlicht, versteckte Anglerbuchten, weiße Segel, dürre Kiefern, die einen leichten Schatten in den heißer werdenden Sommertagen spenden, klassische Villen und auf Linie gebrachte Parks, die gen Norden, und verspielte Kirchen, die gen Süden schwelgen, aufgemotzte Seegrundstücke hinter Jägerzaun. Neben der Villa der «Wannsee-Konferenz» steht die Currywurstbude für die Ausflügler und der Flensburger Löwe, der ein wenig müde an geschlagene deutsche Schlachten im 19. Jahrhundert erinnert. Zweihundert Jahre Geschichte in dicht gepresster Nachbarschaft, unsortiert im preußischen Sand.

Ein Anfang dieser an einem See sich ineinanderfaltenden deutschen Geschichte könnte der 20. November 1811 sein, als ein Paar in einem Gasthaus am Wannsee seine letzte Nacht verbrachte. Am Tag darauf erschießt der Mann, Heinrich von Kleist, seine Freundin Henriette Vogel und dann sich selbst. Damals schon hatten die Preußen begonnen, die Havelseen mit Gärten und alten Gemäuer zu einem Arkadien inszenierter Natur umzubauen. Prinzen und Könige errichten Schlösser und Schlösschen, Parks und Anlagen und gelangen so bis Glienicke und zur Pfaueninsel, die als Fassade am Ende der Potsdamer Blickachse liegt. Der Preußenkönig Friedrich Wilhelm IV. sublimiert in Sacrow seine restaurativen Herrschaftsideen mit Renaissancearchitektur. Der bürgerliche Geldadel der Gründerzeit kauft den Hohenzollern die Wälder ab und bildet Kolonien mit distinguierten Namen von eigenartiger Schönheit. Dann setzen Sportlerinnen ihre Segel. Frauen, Mädchen und jedermann beginnen im Wasser zu schwimmen. Das freie Baden im See wird in den ersten Jahren des neuen Jahrhunderts eine emanzipatorische Errungenschaft. Der See mit ganz normalen «Menschen am Sonntag» im Sommer 1929 zur Filmkulisse des neuen Kinos. Es entstehen Landhäuser, nicht immer winterfest, eine idyllische Filiale des Tiergartenviertels.

Alles ist endlich, Familien erlöschen, Unternehmen insolvieren, Erben verarmen, Häuser verfallen. Nazis und Bürokraten erscheinen, um in einer Villa am Wannsee mit Wintergarten und Panoramablick den Holocaust bei einer Besprechung «mit anschließendem Frühstück» zu planen. Am Wannsee leben Jüdinnen und Juden, einige begehen Selbstmord, die meisten werden deportiert. Der Krieg und die deutsche Teilung lassen den Ort ins Abseits geraten, statt Restitution Verwahrlosung, Zwischennutzung und Refugium der Drogenszene. Auch Junkies in Arkadien. Manchmal gelingt die Konversion, aus der «Luftschutzakademie» wird eine erfolgreiche Lungenklinik, einige Krankenhäuser bestehen noch heute. In der Psychiatrie am Wannsee suchte in den siebziger Jahren der jüdische Religionsphilosoph Jacob Taubes Heil. Mit dem Literarischen Colloquium Berlin in der Villa Goldschmidt erscheint die Literatur, nun um zu bleiben, nebenan die American Academy in der einst von den Nazis arisierten Villa Arnhold, anderes wird Beton-Bungalow und Bühne eines Nachkriegsstils. Und während in einem neuen historisierenden Biedermeier nach 1990 Schlösser und Gärten renoviert wurden, geriet ins Vergessen, dass an den Ufern der Havel noch vor ganz kurzer Zeit die innerdeutsche Grenze verlief und Menschen erschossen wurden, die ins andere Deutschland fliehen wollten.

Das alles war Wannsee: die exquisiten Sammlungen der Hermine Feist-Oppenheim, die Bibliothek des russischen Revolutionärs Aleksandr Parvus, der Lenins Reise im plombierten Wagen nach Russland in die Wege geleitet hatte, das Kino des Joseph Goebbels, der von seiner Villa in Schwanenwerder aus die UFA in Babelsberg überwachte. Die bürgerliche Kulturlandschaft, die Liebermanns impressionistische Zeichnungen verzauberten, sagte den Nazis zu. Und verzauberte unter preußisch-sozialistischen Vorzeichen die kalten Kriegsgewinnler im Osten – auch wenn hier vor Ort Todesstreifen, Stacheldraht, Mauer und Befestigungstürme den unmittelbaren Seeblick trübten. Wannsee: ein deutscher See. Ein sehr deutscher See.

Martin Hollender,
Michael Matthiesen &
Hedwig Richter

Monica Black

Die Kakteen vom Wannsee

Ende 2014 hatte ich für ein paar Monate das Glück, am südöstlichen Ufer des Großen Wannsees leben zu dürfen. Wie es sich an einem See lebt, erfuhr ich durch die alltäglichen Dinge: Oft radelte ich durch den Nebel, der früh am Morgen über der Wasserfläche aufzog. Ich machte Spaziergänge am Ufer entlang und jagte im Segelboot über den See. Ja, ich schwamm sogar noch weit in den Herbst hinein in seinem klaren, belebenden Wasser, worauf ich mächtig stolz war, denn in meiner Kindheit pflegte ich in der Badewannentemperatur des sommerlichen Atlantiks zu schwimmen.

Aber als Fellow der American Academy in Berlin (AAB) erlebte ich den Wannsee auch in einem intellektuellen Sinn, als einen Ort, an dem unterschiedliche Planeten aufeinandertrafen: Wannsee als geistige Lebensform. Jedes akademische Semester – amerikanischer Zählung, also im Herbst und Frühjahr – zieht eine Gruppe von Fellows – Künstler und Dichter, Journalisten und Wissenschaftler, Architekten, Filmemacher und Schriftsteller – ins Hans Arnhold Center ein, in die Villa, in der die Academy residiert. Sie schreiben, lesen, studieren, führen Interviews, durchkämmen Bibliotheken, malen, drehen Filme, edieren und denken nach. Sie halten und besuchen Vorträge und nehmen ihre Mahlzeiten gemeinsam ein. Die idyllische Umgebung verleiht neben den Gastrednern und anderen Berühmtheiten einem Haus, dem es trotz seiner Weitläufigkeit gelingt, familiär zu sein, das Flair eines Grand Hotels. Ich selbst forschte zu einem Buch mit dem Titel *Deutsche Dämonen. Hexen, Wunderheiler und die Geister der Vergangenheit im Nachkriegsdeutschland*. In meiner Zeit am Wannsee nahm das Projekt ganz konkret Gestalt an, lebte ich doch in ei-

Abb. 1
«Mäuseburg» am Wannsee: Die Villa Oppenheim vor dem Umbau durch den Architekten Johannes Otzen, den späteren Präsidenten der Preußischen Akademie der Künste.

nem Haus, das die Nationalsozialisten seinen jüdischen Eigentümern gestohlen hatten. Das Buch handelt vom Nachkriegsdeutschland und seinen Gespenstern wie auch davon, dass die Vergangenheit unerkannt in die Gegenwart hineinwirkt.

Tatsächlich leben die Geister vieler Vergangenheiten in der American Academy fort. Heraus kommt dabei ein Ort, der weder ganz deutsch noch ganz US-amerikanisch ist, sondern eine wilde Mischung aus beidem. Die Villa selbst ist ein Produkt des Kaiserreichs. Sie wurde ursprünglich von 1885 bis 1887 von Johannes Otzen als Sommerhaus für die Familie des Industriellen Franz Oppenheim errichtet *(Abb. 1)*, von 1899 bis 1901 wurde sie umgebaut. In der Weimarer Republik wurde die Villa dann von den Arnholds, einer Dresdener Bankiersfamilie, erneut umgebaut und auch innen neu gestaltet.[1] 1938 enteigneten die Nazis das Heim der Arnholds, und diese flohen daraufhin aus Deutschland und gingen in die Vereinigten Staaten. Nachdem der neue Bewohner der Villa, der Reichswirtschaftsminister Walther Funk, eingezogen war, baute er einen Luftschutzraum und einen

1 Yolande Korb/Simone Lässig/R. Jay Magill, Jr.: The Hans Arnhold Center: An Illustrated History, Berlin 2020, S. 11, 43–47.

Abb. 2
Bunker, Hakenkreuze, kugelsichere Scheiben: Die Villa der 1938 enteigneten jüdischen Vorbesitzer Arnhold ist zwei Jahre später für die Feierbiester der Partei gerüstet. Reichswirtschaftsminister Walther Funk (rechts) empfängt zu seinem 50. Geburtstag Ovationen von Joseph Goebbels. Der Reichspropagandaminister wohnte schräg gegenüber in einer Villa auf Schwanenwerder mit Panoramablick auf den Großen Wannsee. Wannsee, 18. August 1940. Foto: Heinrich Hoffmann.

Swimming-Pool, über dem Eingang ließ er Hakenkreuze anbringen, und die Fenster erhielten kugelsichere Glasscheiben.[2] Im Juli 1945, der Zweite Weltkrieg war gerade zu Ende gegangen, requirierte die US-Armee das Haus, benannte es in Wannsee Hotel um und brachte den Offiziersclub dort unter.[3]

1953 gelang es den Töchtern der Arnholds, das Haus wieder in ihren Besitz zu bringen. Ein paar Jahre später verkauften sie es dann an die Bundesrepublik. Diese verpachtete es an die US-Armee, die es als Erholungsheim für Spezialkräfte nutzte.[4] Militärangehörige und ihre Familien veranstalteten Picknicks im Garten oder schwammen im Pool – an warmen Tagen konnten es auch mal gut tausend Leute sein. Die Villa wurde zu einem offenen Haus und für alltägliche Ereignisse wie Grillfeste und Disco-Partys zwischengenutzt.[5] In diesem Haus, in dem einst der Cellist Pablo Casals für die Arnholds gespielt und der Reichspropagandaminister Joseph Goebbels den fünfzigsten Geburtstag von Walther Funk gefeiert hatte *(Abb. 2)*, legte Prince 1981 für einen «Wettstreit der DJs» Platten auf.[6]

2 Ebd., S. 58 f.
3 Ebd., S. 67.
4 Ebd., S. 74, 76.
5 Ebd., S. 80 f.
6 Ebd., S. 48, 64, 81.

Diese Geschichte von Entwurzelung, Exil und nicht vollendeter Rückkehr, von unvorstellbarer Tragik, unwahrscheinlichen Ausrichtungen und Neuorientierungen vermittelt den Eindruck eines geschlossenen Regelkreises, eines Anfangs, einer Mitte und eines Endes. Von der Demokratie zum Faschismus und retour. Die eigentümliche, auch ein wenig aus der Zeit gefallene Atmosphäre, die der American Academy am Wannsee ihr so reizvolles Fluidum verleiht, ist eine unmittelbare Folge dieser bewegten Geschichte eines deutschen Geisterhauses im 20. Jahrhundert.

Hans und Ludmilla Arnholds Tochter Anna-Maria Kellen war es, die gemeinsam mit ihrem Ehemann Stephen das nötige Geld für den Umbau des Hauses ihrer Kindheit zur American Academy in Berlin gespendet hat.[7] Was aber nun die American Academy für die Institutionalisierung eines deutsch-amerikanischen Gespräches am Wannsee prädestinierte, war die Geschichte des Kalten Krieges und seines Endes, die dafür verantwortlich ist. Als die US-Armee ihre fast fünf Jahrzehnte währende Besatzung Berlins abwickelte, versammelte der damalige amerikanische Botschafter Richard C. Holbrook spontan einige Bekannte um sich, aus denen der erste Vorstand der Academy hervorgehen sollte.[8] Man schrieb das Jahr 1994, das genau in die Mitte eines Jahrzehnts überschäumenden Optimismus fiel, dass die liberale Demokratie nunmehr der unangefochtene Sieger sei und die Globalisierung alles Weitere richten werde. Nur zwei Jahre später präsentierte der politische Publizist und Leitartikler der *New York Times* Thomas L. Friedman augenzwinkernd seine «Theorie der goldenen Brücke in der Konfliktprävention». Länder, in denen sich eine McDonalds-Filiale niedergelassen hat, «führen keine Kriege; die Menschen dort stellen sich lieber in die Schlange, um einen Burger zu bekommen».[9]

Die liberale Stimmung jener Zeit machte es möglich, dass die American Academy einerseits einen Preis stiftete, der nach dem Gründungsmitglied und politischen Schlachtross Henry Kissinger benannt war, und andererseits die kritische Paradeintellektuelle Susan Sontag als Ehrengast beherbergte. Um es mit dem doppelzüngigen Ausdruck zu belegen, den die libertäre Rechte so gern im Mund führt, herrschte damals «Meinungsvielfalt». In

7 Ebd., S. 92.

8 Ebd., S. 85.

9 Thomas L. Friedman: «Foreign Affairs Big Mac I», in: New York Times, 8. Dezember 1996, https://www.nytimes.com/1996/12/08/opinion/foreign-affairs-big-mac-i.html (letzter Zugriff 12. Juli 2022).

einem rein amerikanischen Kontext der geschlossenen Korridore sind solche Austauschsphären heute nahezu undenkbar. Ich kann mir ausmalen, wie schwierig für die American Academy das Gespann Donald Trump und Richard Grenell war, mit denen ein besonders grobschlächtiger Machtwille und auch Größenwahn Amerikas in Erscheinung trat. Die innere Freiheit, auch Neugier auf sich widersprechende Positionen, die die Academy nach dem Kalten Krieg auszeichnete, setzte ja gerade eine Form des intellektuellen Gebens und Nehmens voraus, die in dem liberalen Optimismus der neunziger Jahre gründete, der uns heute als naiv erscheint. Die Academy war als ein Haus gedacht, in dem Stipendiaten intensiv zu Fragen vornehmlich der Künste und der Geisteswissenschaften forschen konnten. Sie sollte ein Ort sein, an dem die seit langem gepflegten Verbindungen zwischen Deutschland und den Vereinigten Staaten fortgesetzt und vertieft werden. Anlässlich ihres zwanzigsten Geburtstags sagte der damalige deutsche Außenminister Frank-Walter Steinmeier, der Geist, der in der American Academy wehe, lebe von dem Gedanken, dass «uns sehr viel mehr verbindet als trennt».[10] Voraussetzung dafür ist, dass Argumente in gutem Glauben vorgetragen und gehört werden können, selbst wenn es sich um schlechte Argumente handelt.

Zwei Jahre bevor Trump seine Präsidentschaft antrat, war ich Fellow an diesem besonderen Haus am Wannsee, und schon damals zeichneten sich seit mindestens einem Jahrzehnt Risse in der liberalen demokratischen Weltordnung ab, zu deren Geburtshelfern auch die Gründungsgeneration der American Academy gehört hatte. Die Antwort der Regierung von George W. Bush auf die Angriffe vom 11. September 2001 hatte zu Sonderwegen, Weigerungen und bitteren Zerwürfnissen in den deutsch-amerikanischen Beziehungen geführt, und die Brüche blieben nicht auf die hohe Politik und die Diplomatie beschränkt. Als ich 2004 für meine Dissertation in Berlin in den Archiven recherchierte, wurde ich eingeladen, die Gruppe einer «Geschichtswerkstatt» zu besuchen, die sich mit den Auswirkungen des britischen und amerikanischen Luftkriegs auf die Stadt beschäftigte. Bei den Teilnehmern handelte es sich überwiegend um ältere Berliner, die diese Zeit als Kinder erlebt hatten. Ohne Zurückhaltung und

10 «Rede von Bundesaußenminister Frank-Walter Steinmeier zur Feier des 20-jährigen Bestehens der American Academy in Berlin», zu lesen auf: https://www.auswaertiges-amt.de/en/newsroom/news/141008-americanacademy/266024 (letzter Zugriff 12. Juli 2022).

ohne ein Blatt vor den Mund zu nehmen, sagten sie mir, was sie von den Übeln des Irakkriegs hielten, vor allem von der Bombardierung der Zivilbevölkerung. Da spukten sie wieder, die Gespenster der Vergangenheit.

Was ist heute noch übrig von der Hochzeit der transatlantischen Beziehungen in den frühen neunziger Jahren? Als ich 2014 vier Monate am Wannsee verbrachte, hatte man manchmal den Eindruck, als gäbe es eine unsichtbare Trennwand zwischen den Fellows – den Wissenschaftlern und Künstlern – und den Ehrengästen, die nicht selten Mitglieder der weltweit agierenden Investorenklasse, Sicherheitsberater und internationale Börsenmakler waren. So, wie Wannsee nicht für jeden dasselbe bedeutet und einander fremde und grundverschiedene Welten miteinander in Kontakt bringt, so bringt auch die Academy ihre eigenen Besonderheiten mit zu den Ufern des Sees.

Nachdem sie ins Exil getrieben worden waren, haben Hans und Ludmilla Arnhold Berlin nie wieder besucht. Doch die Tochter Anna-Maria Kellen tat es 1949. Während ihres Aufenthaltes begegnete ihr Albert Redmann. Von den zwanziger bis in die fünfziger Jahre hinein hat er als Gärtner für die jeweiligen Hausherren gearbeitet, auch für die Arnholds. Wie damals, als Anna-Maria hier ihre Jugend verlebt hatte, baute er immer noch Blumen und Gemüse an. Auch ihre beiden Kakteen hatte er weiter versorgt, die nun «bis zur Decke reichten».[11] Über viele Jahre hatte Herr Redmann die stachligen Pflanzen gepflegt, so dass sie inmitten all dessen, was in der Zwischenzeit geschehen war – der Untergang der Weimarer Republik, die Vertreibung der Arnholds, die Schrecken des Zweiten Weltkriegs und der Holocaust, Kalter Krieg, das intellektuelle Ausbluten Berlins und der Beginn seiner anschließenden Wiedergeburt –, allmählich größer und größer wurden. Hitzeliebende Wüstenpflanzen, deren Heimat die beiden Amerikas sind, wachsen neben einem kalten, klaren See in Deutschland. Arnhold und Funk. Goebbels und Prince. Kissinger und Sontag. Solche ungewöhnlichen Paare gedeihen am Wannsee.

Aus dem Englischen von Christiana Goldmann

11 Korb/Lässig/Magill: The Hans Arnhold Center, S. 36, 73.

Bildnachweis: Abb. 1: Otto Stiehl: Ausgeführte Backsteinbauten der Gegenwart, Bd. 1, Blatt 46, Berlin 1891. – Abb. 2: ullstein bild/Heinrich Hoffmann.

Maritta Adam-Tkalec

«Wir haben im Allgemeinen keine Bedenken ...»

Das freie Baden im Sittenspiegel

Die Presse beklagte den Sittenverfall in Berliner Mietskasernen. Über dreißig Menschen in einer Wohnung, Müll in den Hinterhöfen, Grünanlagen, in denen Kinder nicht spielen durften. Klo auf halber Treppe war die Regel. Nur ein Bruchteil der Wohnungen hatten eigene Sanitäranlagen. In den Flussbadeanstalten tauchten die Berliner in braune Brühe, in der seit dem Bau der Kanalisation statt Fäkalien Industriegifte schwammen. Auf zwei Millionen Menschen war die Bevölkerung Berlins innerhalb weniger Jahrzehnte angewachsen. Der Reichstag debattierte über die Einführung eines zehnstündigen Maximalarbeitstages.

Vor diesem sozialen Gemälde Berlins um 1900 lässt sich verstehen, dass die Zulassung einer öffentlichen Badestelle an einem stadtnahen See einer kleinen Kulturrevolte gleichkam. Die Eröffnung des Freibades Wannsee am 8. Mai 1907 bedeutete Ausbruch aus den bedrückenden urbanen Verhältnissen hinaus in die freie Natur und zugleich aus dem ständischen Korsett des späten Kaiserreiches. Der Badedress wirkte als Gleichmacher. Die erste offizielle Badesaison verlief überwältigend. Jahrzehntelang hatte in Preußen ein öffentliches Badeverbot gegolten, und jetzt stiegen Hunderttausende – von der Gendarmerie unbehelligt – ins klare Wasser. «Alles sowohl moral- als auch staatsrechtlich» erlaubt, wie Wilhelm Schnepf in seiner im späten Sommer 1907 veröffentlichten Schrift *Seebad Wannsee* notierte. Den ersten Sommer des Seebads feierte dieser Naturfreund als «Konzession an die Freiheit des Individuums».[1]

Am langen, freigegebenen Uferabschnitt tummelte sich auf 200 Metern die den Mietskasernen glücklich entflohene Berliner Bevölkerung; «eine eigene Art geselligen Lebens» beobachtete die *Berliner Illustrirte* im «Seebad Berlin».[2] Der sozialdemokratische *Vorwärts* jubilierte über die neue Selbstorganisation der Berliner: «Hier herrscht wirkliche Freiheit, kein polizeiliches Auge wacht und trotzdem – ja, trotzdem wickelt sich bei den nach Tausenden zählenden Besuchern alles glatt ab.»[3]

1 Wilhelm Schnepf: Seebad Wannsee. Kritische Betrachtungen und Vorschläge, Berlin 1907, S. 4.

2 Zitiert nach: Matthias Oloew: 100 Jahre Strandbad Wannsee, Berlin 2007, S. 27.

3 «Das Freibad am Wannsee», in: Vorwärts, Sonnabend, 20.7.1907, S. 9.

Kritik am nicht regulierten Badetreiben kam aber alsbald aus der Nachbarschaft der Villen. Besorgte Bürger bildeten «Besichtigungskommissionen», um der Gefährdung der sittlichen Ordnung auf die Schliche zu kommen. Hernach schickten sie Berichte vom «schamlosen Treiben» des Badevolkes an die Behörden. Eine Wochenzeitung, die die Sirene des Skandalons im Titel trug – *Große Glocke* –, druckte Details vom Tatort: «Zwei Damen küssen sich im Wald, sodass ich annehmen muss, es handele sich um zwei sadistisch veranlagte Weibsbilder», meldete ein Zeuge. Auch «handgreiflichen Flirts im Wasser, die im Wald Fortsetzung finden», war der Sittenhüter nachgespürt. Und noch etwas empörte: Ein Mann wurde im Sand eingebuddelt, man formte Brüste und einen Schwangerenbauch aus Sand; aufgelegte Stöckchen ahmten das Schamhaar nach ...![4]

Das tat dem Vergnügen keinen Abbruch. Die badbegierigen Massen strömten aus der seit 1891 verkehrenden Wannseebahn über Trampelpfade zum See und fanden dort Wasser, Licht, Luft, Sonne. Einen weiten Blick über einen blauen See, einen kleinen Sandstreifen und eine Wiese zum Entspannen – um endlich ausgiebig auch einmal nichts zu tun. Der neuen Freizeitkultur maßen wohlwollende Betrachter wie Wilhelm Schnepf einen volkspädagogischen Wert zu: Der Anblick der weitgehend unverhüllten Geschlechter werde Männer wie Frauen motivieren, die Ansehnlichkeit ihrer Körper zu verbessern. Er rechnete mit Mitnahmeeffekten für dauerhaftes «Eheglück». Als «bestes Mittel, Pikanterien überhaupt zu vermeiden» empfahl Schnepf «ein vollkommenes Nacktbaden». Schamvolles Entkleiden reize nur die jugendliche Neugier.[5] In rascher Selbstorganisation hatte sich ein Verein gebildet, der sich um die praktischen Probleme des neuen Massenvergnügens kümmerte. Ein Maschendrahtzaun sollte Gaffer fernhalten, Aborte wurden errichtet, Freiwillige sammelten nach dem Badetag Müll ein.

Baden erlaubt!

Der Taufakt für diesen neuen Ort des Vergnügens, der Erholung und der kleinen Freiheiten war ganz unspektakulär mit einem Schilderaustausch entstanden. Am 8. Mai 1907 schraubten Arbeiter der Forstverwaltung die alten Schilder mit der Aufschrift

4 Zitate aus «Große Glocke» nach Oloew: 100 Jahre Strandbad Wannsee, S. 29 f.

5 Vgl. Schnepf: Seebad Wannsee, S. 6.

«Baden verboten» ab. Auf den neuen Schildern stand «Öffentliche Badestelle». Darauf stiegen einige Herren in gestreifter Badekleidung noch unter den Augen wachsamer Ordnungshüter in den See. Die neue Freiheit des Badens galt – ab sofort, unverzüglich!

Wie so oft bei emanzipatorischen Errungenschaften, fiel die dunkle preußische Steinzeit, als das freie Baden in märkischen Seen noch mit Strafzetteln vergolten wurde, dem allmählichen Vergessen anheim. An diese Zeit erinnerte ein Leserbrief am 28. August 1955 in der *Berliner Zeitung*. «Herr Sch.» aus Potsdam beschrieb den «stillen und zähen Kleinkrieg» am Wannsee, «wo zeitweilig Hunderte von Menschen badeten, die mit großem Eifer von den Gendarmen verfolgt wurden.» «Wenn so ein behelmter und mit langem Säbel bewaffneter Hüter der Ordnung den Abhang herunterstieg, flüchteten die Badenden in Richtung Schwanenwerder. Größere Gesellschaften mit eigenem Warndienst saßen dann mit Biedermannsmiene beim Skat oder frühstückten, wobei oft die verräterische nasse Badehose in der Hosentasche steckte. Viele wurden dennoch aufgeschrieben und erhielten ein Strafmandat.» Herren der Lage konnten die Gendarmen schon damals nicht mehr werden, es waren einfach zu viele Leute. Die Vorschwimmer im Protest gegen das Freibadeverbot waren nach Auskunft dieses Leserbriefes die Arbeiterjugend, Arbeiterschwimmvereine sowie der Turnverein Fichte gewesen.[6]

Die neue Körperkultur hatte den Gang durch die Institutionen angetreten. Ernst von Stubenrauch, als Landrat von Teltow für den Wannsee zuständig, war selber Mitglied eines «Vereins für Körperkultur». Dutzende kleine Vereine wie dieser waren als Reaktion auf die Folgen der Industrialisierung und Urbanisierung als Lebensreformbewegung um 1900 wie Pilze aus dem Boden geschossen. Am 4. November 1901 war im Steglitzer Ratskeller der «Wandervogel» gegründet worden. Seit 1887 existierte die erste Berliner Kleingartenkolonie «Zur Linde» in Treptow. In Oranienburg pflanzten seit 1893 die in Alkoholabstinenz lebenden Familien der Vegetarischen Obstbaukolonie Eden ihr Essen selber an. 1906 verfügte Landrat Stubenrauch über genügend Einfluss, um das Gebot seines «Vereins für Körperkultur» auch politisch in die Tat umzusetzen. Ein amtlicher Briefwechsel

6 «Pickelhauben jagten die Badenixen». Leserbrief in: Berliner Zeitung. Nr. 201/1955, 28. August 1955, S. 8.

stand am Beginn der kleinen Baderevolution. Der Landrat schrieb im Hochsommer am 3. August 1906 – mit dem Vermerk «Cito!» («Eilig!») – an den zuständigen Regierungspräsidenten in Potsdam: «Ich halte es für das natürliche Recht eines Menschen, dass er in den Flüssen und Seen baden darf.» Die Antwort des königlichen Regierungspräsidenten kommt, als die Badesaison schon vorüber ist, gemächliche drei Monate später: «Wir haben im Allgemeinen keine Bedenken (...).»[7]

Die preußische Bürokratie des späten Wilhelminischen Kaiserreiches stand unter Reformdruck. Aber auch kleine Lockerungen brauchen ihre Zeit. Noch hatten die Frauen das gleiche, allgemeine Wahlrecht nicht – aber in der Freizeit konnten sie schon einmal Gleichberechtigung üben. Hatten Männer ihre Körper schon zu Zeiten des Turnvaters Jahn stählen dürfen, so stiegen jetzt auch Frauen auf das Rad, trieben Sport und kletterten auf Berge. Der Arzt Magnus Hirschfeld konfrontierte die ahnungslose Öffentlichkeit mit wissenschaftlichen Fakten zur Sexualität von Frau und Mann. Und Frau wollte jetzt auch frei baden. Für den Wannsee war es in Geschlechterfragen aber nur ein kurzer Sommer der Anarchie.

Schon im zweiten Jahr veranlasste der Regierungspräsident die Dreiteilung des Strandes in einen Familien-, Männer- und Frauenbereich. Der Andrang der Massen auf nunmehr 500 Meter Uferstrecke verlangte immer mehr Ordnung und Struktur: Der Freibad-Verein ließ sechs Umkleidezelte und zwei größere Bedürfnisanstalten aufstellen. Er verteilte Handzettel mit Konventionen zu gutem Benehmen und Bekleidungshinweisen. Männer sollten Badeanzug statt der verpönten Dreiecksbadehose tragen und die Oberschenkel bedecken. Damen sollten «mindestens Schultern, Brust, Leib, Beine bis zum Knie» verhüllen. Um der lieben Ordnung willen übertrug der Regierungsbezirk einem Mitglied des «Vereins für Körperkultur» gegen Pacht die Organisation. 1912 besuchten eine halbe Million Menschen die nunmehr vier Abschnitte Damenbad (65 Meter), Familienbad (320 Meter), Herrenbad (65 Meter), Zeltlager (90 Meter). So war das Strandbad fortan aufgereiht, bis der Weltkrieg die Männer an die Front und die Berliner Frauen in die Fabriken und auf Nahrungsmittelsuche zurückbeorderte.

7 Zitiert nach Oloew: 100 Jahre Strandbad Wannsee, S. 17 f., 26.

Abb. 1
Die neue Sachlichkeit des Badens. Treppe und Wandelgänge nach dem Umbau des «Strandbads» 1929/30 durch den Stadtbaurat Martin Wagner und Richard Ermisch. Foto: Arthur Köster.

Projekt Weltstadtbad als Trockenschwimmen auf dem Reißbrett

Kaum war der Krieg vorbei, ging es wieder ins Grüne. Frauen erlangten in Weimar das Wahlrecht. Überhaupt war die neue Republik ein emanzipatorisches Laboratorium. Die Gästezahlen am Wannsee wuchsen, die Badetextilien schrumpften. 1924 übernahm die Stadt Groß-Berlin den Betrieb und beauftragte Stadtbaumeister Ludwig Hoffmann mit der Errichtung hölzerner Umkleideräume. Die erwiesen sich bald als zu klein. 750 000 Besucherinnen und Besucher wurden in der Badesaison 1926 gezählt – der Achtstundentag erlaubte mehr Freizeit. Zudem zog es viele Arbeitslose an den See. Die Idee vom freien Baden, von der Rückkehr zur «Naturquelle des Wassers und damit zu umfassender Natürlichkeit» und «der körperlichen und geistigen Regenera-

Abb. 2
Dehnen für das Reich. Ein Sportlehrer ruft 1936 im Strandbad per Flüstertüte zum KdF-Gruppensport. Foto: Arthur Grimm.

tion der Kräfte» für breiteste Schichten, wie der Architekt und Stadtbaurat Martin Wagner schrieb, sollte nun eine zeitgemäße moderne Architektur bekommen.[8]

1928 legte Wagner, ein führender Vertreter des Neuen Bauens, einen großen Entwurf auf den Tisch. Ein «Weltstadtbad» sollte entstehen, mit riesigem Seeterrassen-Restaurant, Massenumkleiden, Wandelgängen, Freitreppen. Der Zug der Zeit ging ins Megalomanische. In jenem Jahr wechselte auch der Name: «Strandbad», das klang gerade groß genug. Für alle Ideen auf dem Zeichentisch reichte das Geld nicht, aber ein eindrucksvoller Abschnitt entstand – die Bauten glatt und kubisch, gegliedert von horizontalen Fensterrändern, in moderner Stahlskelettkonstruktion, hell verklinkert, alles durchgestaltet, zweckmäßig, formschön. Eine Badeanstalt als politisches Statement des Neuen Bauens für eine demokratisch nivellierte Gesellschaft. 1930, im Jahr nach der Neueröffnung, kamen 1,3 Millionen Besucher.

Die Geschlechtertrennung war seit den ersten Umbauten von Stadtbaurat Hoffmann aufgehoben, doch die alte Debatte um «Sitte» und «Anstand» verstummte nicht. 1932 errangen die Sittenwächter einen ersten kleinen Triumph: Die «Polizeiverord-

8 Vgl. Deutsche Bauzeitung (DBZ), 64. Jahrgang, 30. Juli 1930, Nr. 61/62.

nung zur Ergänzung der Badepolizeiverordnung vom 18. August 1932» – der sogenannte «Zwickel-Erlass» des Innenministers Franz Bracht – bestimmte in Paragraph 1: «Das öffentliche Nacktbaden oder Baden in anstößiger Badekleidung ist verboten.» Ein keilförmiges Textilstück, der Zwickel, musste dort eingenäht werden, wo sich das Genital abbildet. Die nationalsozialistische Presse verhöhnte das «verzwickelte Sittlichkeitsempfinden» als Exempel kleinkarierter Parteipolitik. Die Machtübernahme 1933 trübte die Badefreuden nicht, ganz im Gegenteil: Die Idee von «Kraft durch Freude», die körperliche Ertüchtigung von Mann und Frau, passte durchaus in die Vorstellungen der jungen Nazi-Bewegung *(Abb. 2)*. Eine Polizeiverordnung setzte den Zwickel-Erlass 1942 außer Kraft und ließ das Nacktbaden zu.[9]

9 Vgl. «Zwickel-Bracht bei den Bolschewiken», in: Der Führer. Das Hauptorgan der NSDAP Gau Baden, 17.12.1932, S. 3.

Kraft durch Freude durch Nacktbaden

Als am 18. März 1933 die Übergabe des Bades an die Nationalsozialisten bevorstand, kam der langjährige, beliebte Direktor des Seebades, der Sozialdemokrat Herrmann Clajus, seiner Absetzung zuvor: Er erschoss sich in seiner Amtsstube. Die 1935 am Strand aufgestellten Schilder mit der Aufschrift «Juden ist das Baden und der Zutritt verboten!» verschwanden zwar bald auf Drängen des Auswärtigen Amtes – man fürchtete vor Olympia 1936 schlechte Presse im Ausland. An der Eingangskasse aber gab es die Ansage, dass Juden «unerwünscht» seien. Spähtrupps zogen auf der Suche nach Schwarzhaarigen umher.

Im Zweiten Weltkrieg blieb die aus der Luft gut sichtbare Anlage nahezu unversehrt – englische und amerikanische Bomberpiloten nutzten sie zur Orientierung. Nach 1945 begann der Badebetrieb bald wieder. Als 1950 der Gassenhauer «Pack die Badehose ein, nimm dein kleines Schwesterlein, und dann nischt wie raus zum Wannsee ...!», gesungen von der siebenjährigen Cornelia Froboess, Lust auf das Strandbad machte, war der Anfang vom Ende der großen Zeit aber bereits absehbar. Viele West-Berliner zog es im anbrechenden Massentourismus wie ihre bundesrepublikanischen Mitbürger weiter in den Süden, an die Strände des Mittelmeers. Die Gebäude des Wannseebades verfielen wie die Besucherzahlen. Erst zum 100. Geburtstag 2007 begann der Senat damit, einen Teil der Bauten zu sanieren.

Abb. 3
Pack Popcorn und Kippen ein – und dann nischt wie raus zum Wannsee. Junge schöne Menschen chillen 1959 auf der Balustrade des Strandbades. Foto: Will McBride.

Die freizügige Badekultur entfaltete sich derweil in West und Ost des geteilten Landes ganz unterschiedlich. Am Wannsee gab es, gut abgeschirmt, seit 1956 wieder eine FKK-Stelle – für den Westen immer noch ein Exotikum. In der Bundesrepublik verboten Landesgesetze das «Nacktbaden». Im Osten setzte sich 1956 eine in den zwanziger Jahren sozialisierte Kulturelite gegen die prüden Parteibürokraten durch. Nacktbader tummelten sich überall, wo Wasser war. Wessis erlebten 1990 an märkischen Seen einen kleinen Kulturschock. Nackte Ossis am Badesaum beim Wenden von Bratwürsten am Grill.

Bildnachweis:
Abb. 1–3: © bpk.

Martin Hollender

«Genießen wir den Augenblick!»

Max Liebermann auf der Garteninsel

In seinem Sommerhaus am Wannsee verbrachte Max Liebermann seit 1910 die warme Jahreszeit. Liest man allein die gut fünfzig Briefe, die er vom Wannsee in die Welt sandte und die im Archiv der Staatsbibliothek zu Berlin zu finden sind, erweist sich seine Gartenwelt am See als brüchiges Paradies.

Im letzten Sommer des Krieges, Mitte Juli 1918, hatte Liebermann Richard von Kühlmann porträtiert, der wenige Tage zuvor als Außenminister wegen seiner Zweifel an einem militärischen Sieg Deutschlands und seiner Befürwortung eines Ausgleichsfriedens von der Obersten Heeresleitung zum Rücktritt gezwungen worden war. Der geschasste Minister nahm gegenüber Liebermann wohl kein Blatt vor den Mund. «Ziemlich hoffnungslos» sei diese Zeit, «wenigstens nach dem was mir Kühlmann, den ich vorige Woche zeichnete, gesagt hat», schreibt Liebermann resigniert darauf am 21. Juli an Max Lehrs, doch sogleich kehrt die Langmut des Künstlers zurück: «Doch wir wollen es wie der Bandwurm machen, der bekanntlich den Kopf immer oben behält.»[1]

Nachdem Max Liebermann 1920 das Amt des Präsidenten der Akademie der Künste zu Berlin übernommen hatte, dankte er am 14. Juni vom Wannsee aus der Malerin Agathe Herrmann[2] für ihre Glückwünsche und teilte freimütig seine Zukunftsängste mit. Es sei, so Liebermann, tollkühn, in seinem Alter ein neues, verantwortungsvolles Amt zu übernehmen, «zumal im jetzigen Augenblick, wo die Scheiterhaufen für uns're Glaubensgenossen schon aufgerichtet sind, um beim nächsten Militärputsch angezündet zu werden».[3] Hellsichtig erkennt Liebermann gegenüber einer deutschen Malerkollegin mit derselben Glaubensabkunft den rabiaten Hass des frühvölkischen Antisemitismus, doch obsiegt am Ende die Zuversicht: «Vor kurzem», so endet sein Brief, sprach ich mit dem Gartendirektor Brodersen, ob es bei den jetzigen Verhältnissen rathsam sei, meinen Wannseer Besitz zu behalten, worauf er treuherzig antwortete: weshalb wollen Sie für die paar Jahre, die Sie noch zu leben haben, die Freude an Ihrem Garten nicht noch genießen! Der Mann hat Recht: Genießen wir den Augenblick!»[4]

Für Liebermann, «tief entrüstet über das Sinken der Moral im deutschen Volke»[5] – «besonders in jetziger Zeit, in der das erste

1 Die Staatsbibliothek zu Berlin besitzt ca. 140 eigenhändige Briefe und Postkarten Max Liebermanns. Die Briefe und Karten Liebermanns werden zitiert nach den Bänden der jeweiligen Edition. Der Brief vom 21. Juli 1918 an Max Lehrs findet sich in: Max Liebermann: Briefe 1916–1921. Zusammengetragen, kommentiert und herausgegeben von Ernst Braun, Baden-Baden: Deutscher Wissenschafts-Verlag 2016 (= Schriftenreihe der Max-Liebermann-Gesellschaft Berlin e.V., 6), S. 247.

2 Die Malerin Agathe Herrmann (ca. 1855–ca. 1930) war Tochter des Berliner Bankiers und Kunstsammlers Magnus Herrmann (1817–1894).

3 Schreiben an Agathe Herrmann vom 14. Juni 1920, Bd. 6, S. 365.

4 Ebd., S. 366.

5 Schreiben an Julius Elias vom 4. August 1920; ebd., S. 374.

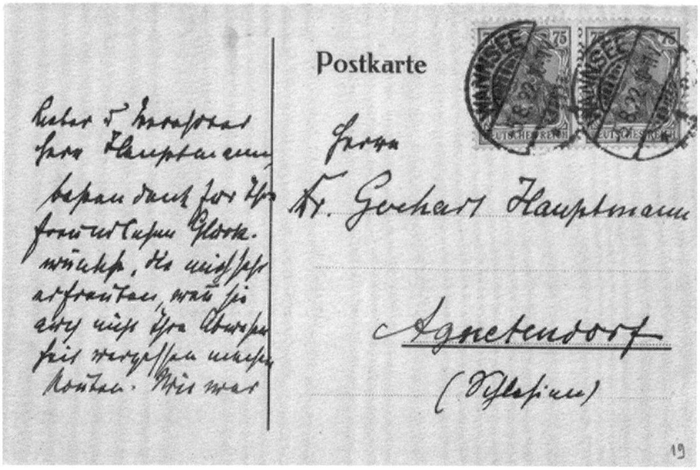

Gebot lauten sollte: du sollst nicht nachdenken»[6] –, ist die Wannseevilla nicht allein bukolisches Refugium, sondern Atelier und Grundlage des Broterwerbs. Die künstlerische Verwandlung des Hauses und seines Gartens in Malerei sichert seine Existenz, wie er Julius Elias im Sommer 1920 mitteilt: «Inzwischen male ich auf Teufel holen: man muß das Eisen schmieden so lange es heiß ist. Und bis jetzt geht mein Geschäft – unberufen! – noch weiter brillant, sodaß ich mich gezwungen sehe, eine Preiserhöhung von 25% eintreten zu lassen. [...] Jetzt fange ich an, auch in Wannsee ‹berühmt› zu werden u die hiesige, sehr wohlhabende Kundschaft beehrt mich mit ihren Aufträgen: Porträts sehr gefragt, Gartenbilder ‹Geld›!!»[7]

Die Geschäfte laufen, aber das Paradies ist bedroht. Und die Einschläge kommen näher. Am 24. Juni 1922 wird Walther Rathenau von Rechtsterroristen erschossen. Zwischen der Erdener-/Ecke Wallotstraße, Ort des Mordanschlags im Grunewald – vis-à-vis dem heutigen Wissenschaftskolleg zu Berlin –, und der Villa Liebermanns am Wannsee lagen nicht mehr als 15 Kilometer Luftlinie. Aber noch mehr als diese Geodaten wog eine andere Nähe. Rathenau war Liebermanns Großcousin. Und der zentrale Repräsentant des deutsch-jüdischen Großbürgertums der Weimarer Republik, an dem sich der grassierende Antisemitismus entzündete. In Stammtischliedern der völkischen Rechten war er schon vor dem Attentat in die Zielscheibe geraten. «Knallt ab den Walther Rathenau / Die gottverdammte Judensau.» Mit Rathenau trauerte Liebermann um einen Toten aus seiner Familie.

6 Schreiben an Agathe Herrmann vom 1. August 1920; ebd., S. 372.

7 Schreiben an Julius Elias vom 4. August 1920; ebd., S. 373. – Zwei Jahre später heißt es, neuerlich gegenüber Julius Elias: «Die Kunden führen in Auto's förmlichst Polonaisen auf u ich muß die Bilder verstecken, damit sie mir nicht unter dem Leibe weggerissen werden.», in: Briefe 1922–1926, Bd. 7, S. 81.

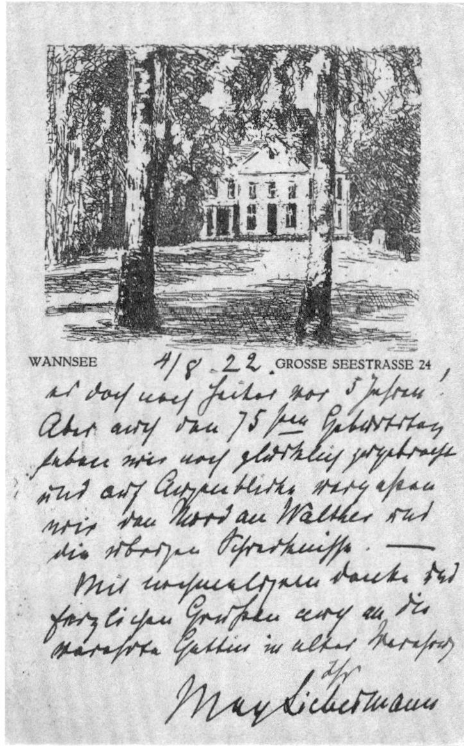

Abb. 1 und 2
«auf Augenblicke vergaßen wir den Mord an Walther». Max Liebermann an Gerhart Hauptmann am 4. August 1922. Postkarte mit einem Druck der Garteninsel nach einer Originalradierung von Max Liebermann – «Mein Haus am Wannsee» (1911) – auf der Rückseite.

Gleichwohl gab sich Liebermann am Wannsee der Illusion hin, die politischen Attentate der frühen Weimarer Jahre seien vom sich radikalisierenden völkischen Antisemitismus zu trennen. Gegenüber dem Journalisten Hans Ostwald gab er Ende der zwanziger Jahre zu Protokoll: «Glauben Sie, daß mein Vetter Walther Rathenau nicht ermordet worden wäre, wenn er nicht Jude gewesen wäre? Kein Mensch kann das sagen. Erzberger ist doch auch ermordet worden. Und der war kein Jude. Den schrecklichen Tag kann ich nicht vergessen, als mein Nachbar in Wannsee, der jetzt leider verstorbene Herr Hamfspohn [sic; gemeint ist Johann Hamspohn (1840–1926), Mitglied des Vorstands bzw. des Aufsichtsrates der AEG] heulend in den Garten kam. Morgens um elf Uhr war's. Ich stand gerade da drüben im Garten, wo meine Staffelei steht. ‹Der Walther ist ermordet›, schrie er. ‹Schrecklich, schrecklich!›»[8] Ein paar Wochen nach dem Attentat, am 4. August 1922, bedankt sich Liebermann bei Gerhart Hauptmann für Glückwünsche zu seinem runden Geburtstag: «Wie war es doch noch heiter vor 5 Jahren! Aber auch den 75sten Geburtstag haben wir noch glücklich zugebracht und auf Augenblicke vergaßen wir den Mord an Walther und die übrigen Schrecknisse.»[9]

8 Hans Ostwald: Das Liebermann-Buch, Berlin 1930, S. 302 f.

9 Schreiben an Gerhart Hauptmann vom 4. August 1922, in: Briefe 1922–1926, Bd. 7, S. 90.

Die Bedrohungen durch den Antisemitismus bleiben, aber andere «Schrecknisse», ökonomische Sorgen schieben sich Ende der zwanziger Jahre in den Briefen in den Vordergrund. Die Massenarbeitslosigkeit wirft nun auch ihren Schatten auf die einst so florierende Garteninsel. Täglich, so teilt Liebermann im Sommer 1930 mit, erhalte er «Bettelbriefe»[10] und höre, räsoniert er einen Sommer später, «nur von Failliten [Konkursen], Pleiten u Liquidationen».[11] Es sei «selbstverständlich», dass er Vielen «ein Dorn im Auge» sei. Wer wie er, so Liebermann, «ein halbes Menschenalter an der Spitze der berliner Secession u nun schon 11 Jahre Präsident der Akademie ist, hat viele Feinde [...]».[12] Ein Affekt gegen die Avantgarde, auch ein leises Seufzen über den Zeitgeist der Gegenwart – «wo die Kritik nur ‹das Moderne› schätzt»[13] – mischt sich in den zwanziger Jahren in seine Briefe.

Doch waren die Feindschaft, das Ressentiment auf der Rechten wohl am wenigsten im Künstlerischen, in seinem vor dem Horizont der «Neuen Sachlichkeit» unzeitgemäßen, impressionistischen Malstil zu suchen. Vielmehr wird es Liebermanns Mixtur aus exponierter gesellschaftlicher Stellung, großbürgerlichem Gestus, ökonomischer Prosperität, liberalen politischen Auffassungen – und nicht zuletzt seine jüdische Abkunft gewesen sein, die ihn zur prominenten Hassfigur der Nationalsozialisten machte.

Wie immer, wenn die Tage kälter wurden, hatte Liebermann im Herbst 1932 seine Garteninsel verlassen und sich in seine Stadtwohnung aufgemacht. Den letzten Winter der Weimarer Demokratie – «in dieser schweren Zeit, die alles in Frage stellt»[14] – verlebte er in seinem Palais am Pariser Platz. Von dort sah er am 30. Januar 1933 den Fackelzug der Nationalsozialisten durch das Brandenburger Tor.

10 Schreiben an Hermann Müller vom 31. Juli 1930, in: Briefe 1927–1935, Bd. 8, S. 341.

11 Schreiben an Julius Freund vom 28. Juli 1931; ebd., S. 406.

12 Schreiben an Hermann Müller vom 31. Juli 1931; ebd., S. 408.

13 Schreiben an Rudolf Danke vom 19. Mai 1927; ebd., S. 62.

14 Schreiben an Gerhart Hauptmann vom 12. Juli 1932; ebd., S. 482.

Bildnachweis:
Abb. 1 und 2: Staatsbibliothek zu Berlin.

20. Januar 1942, Tagesordnungspunkt Völkermord

Ein Gespräch mit Deborah Hartmann

«Besprechung mit anschließendem Frühstück zum 20. Januar 1942 um 12,00 Uhr, Berlin, Am Grossen Wannsee 56–58». Auf der Tagesordnung – die «mit der Endlösung der Judenfrage zusammenhängenden Fragen». Eingeladen hatte Reinhard Heydrich, Chef des Reichssicherheitshauptamtes (RSHA), in das Gästehaus der SS am Wannsee fünfzehn hochrangige Amtsträger aus der nationalsozialistischen Reichsregierung und den Sonderbehörden. Unter den Teilnehmern war aus dem Reichssicherheitshauptamt auch Adolf Eichmann («Referat IV B 4»), der ein Protokoll der Besprechung anfertigen ließ. Die Politikwissenschaftlerin Deborah Hartmann leitet seit Ende 2020 die Gedenk- und Bildungsstätte Haus der Wannsee-Konferenz.

Bis heute ist in der Forschung umstritten, welche Rolle der Konferenz am Großen Wannsee bei der Planung eines Völkermordes zukommt. Markiert die Besprechung am 20. Januar 1942 den Umschlagpunkt von einem «offenen» Antisemitismus zu einem «geheimen» Massenmord?

In der Frage vermischen sich zwei Komplexe. Natürlich war der Antisemitismus insofern «offen», als er Teil der deutschen Alltagskultur auch schon vor der Machtübergabe an die Nationalsozialisten war. Im Nationalsozialismus zeigte er sich deutlich in Form öffentlicher Kampagnen, in Schulbüchern und Filmen, und er schlug sich auch in einer antisemitischen Gesetzgebung nieder. Jeder wusste, dass der Antisemitismus ein integraler Bestandteil der NS-Ideologie war. Der Antisemitismus war vor und blieb auch nach dem 20. Januar 1942 das synthetisierende Element, wenn man so möchte, das Betriebssystem der deutschen Volksgemeinschaft.

Zum Zeitpunkt der Wannsee-Konferenz ist der Massenmord alles andere als geheim. Er vollzieht sich bereits in *mörderischer* Offenheit vor aller Augen – bei Massenerschießungen im besetzten Ost- und Südosteuropa. Der deutsche Marinesoldat Reinhard Wiener hat das im Sommer 1941 in einem Privatfilm von Massenerschießungen im lettischen Liepaja festgehalten. Über Stunden stehen da ganz gewöhnliche Soldaten um den Tatort herum und schauen der Ermordung jüdischer Männer durch die Einsatzgruppen zu. Die Wannsee-Konferenz ändert das nicht, die Erschießungen dauern bis Kriegsende parallel zum Mord in den Lagern an – auch von daher markiert die Wannsee-Konferenz keinen Übergang.

Die Einladung zur Besprechung am Wannsee ist zwar protokollarisch als «Geheime Reichssache» gekennzeichnet, aber dass dieses Zusammentreffen einen Übergang von etwas «Offenem» zum «Geheimen» markieren würde, wäre eine vollkommen falsche Annahme, da es einen solchen Umschlagpunkt im Zuge von Ausgrenzung, Vertreibung und Ermordung der europäischen Jüdinnen und Juden nicht gibt. Die Deportationen beginnen im Oktober 1941, unweit der Wannsee-Villa am Bahnhof Grunewald, in aller Öffentlichkeit. Einen Monat zuvor, im September 1941, schreibt Goebbels im Leitartikel auf der Titelseite der Zeitung *Das Reich*, dass Hitlers Prophezeiung von der «Vernichtung der jüdischen Rasse in Europa» sich jetzt vollzöge. Hitler hatte im Januar 1939 diese «Prophezeiung» *öffentlich im Reichstag* formuliert, und er selbst wie auch andere NS-Größen nehmen immer wieder Bezug darauf, auch im unmittelbaren Vorfeld der Besprechung vom 20. Januar 1942.

Insofern steht die Besprechung am Wannsee eher für die konsequente Fortentwicklung eines sprachlich längst etablierten Vernichtungsantisemitismus. Mit der Besprechung und dem im Anschluss von Adolf Eichmann verschickten Protokoll wird vielmehr *Öffentlichkeit* konstruiert und nicht, wie der Stempel und die Signatur «Geheime Reichssache» auf der überlieferten Akte uns glauben lassen, Geheimniskrämerei betrieben.

Abb. 1
«Da die zur Erörterung stehenden Fragen keinen längeren Aufschub zulassen». Einladung zur Besprechung der «Endlösung der Judenfrage» am Wannsee vom Chef der Sicherheitspolizei und des SD, Reinhard Heydrich, an den Unterstaatssekretär im Auswärtigen Amt, Martin Luther (1895–1945). Brief vom 8. Januar 1942, Prag.

Von den dreißig Ausfertigungen des fünfzehn Seiten langen «Besprechungsprotokolls», die Eichmann anfertigen ließ, hat sich nur eine – die «16. Ausfertigung» – erhalten. Was waren Heydrichs tiefere politische Beweggründe, Spitzenbeamte der Nazi-Regierung und diverse SS-Führer in das Gästehaus der SS am Wannsee zu laden? War es die Sorge vor nicht mehr beherrschbaren Zuständen in den eroberten Ostgebieten? Oder fürchteten die Spitzenbeamten aus dem Reich, dass die Deportationen aus dem Reich Proteste gegen das Regime und schlechte Presse im Ausland provozieren könnten?

Das würde ich anders fassen. Die vermeintlich nicht mehr beherrschbaren Zustände, der Eroberungskrieg, die freigesetzte

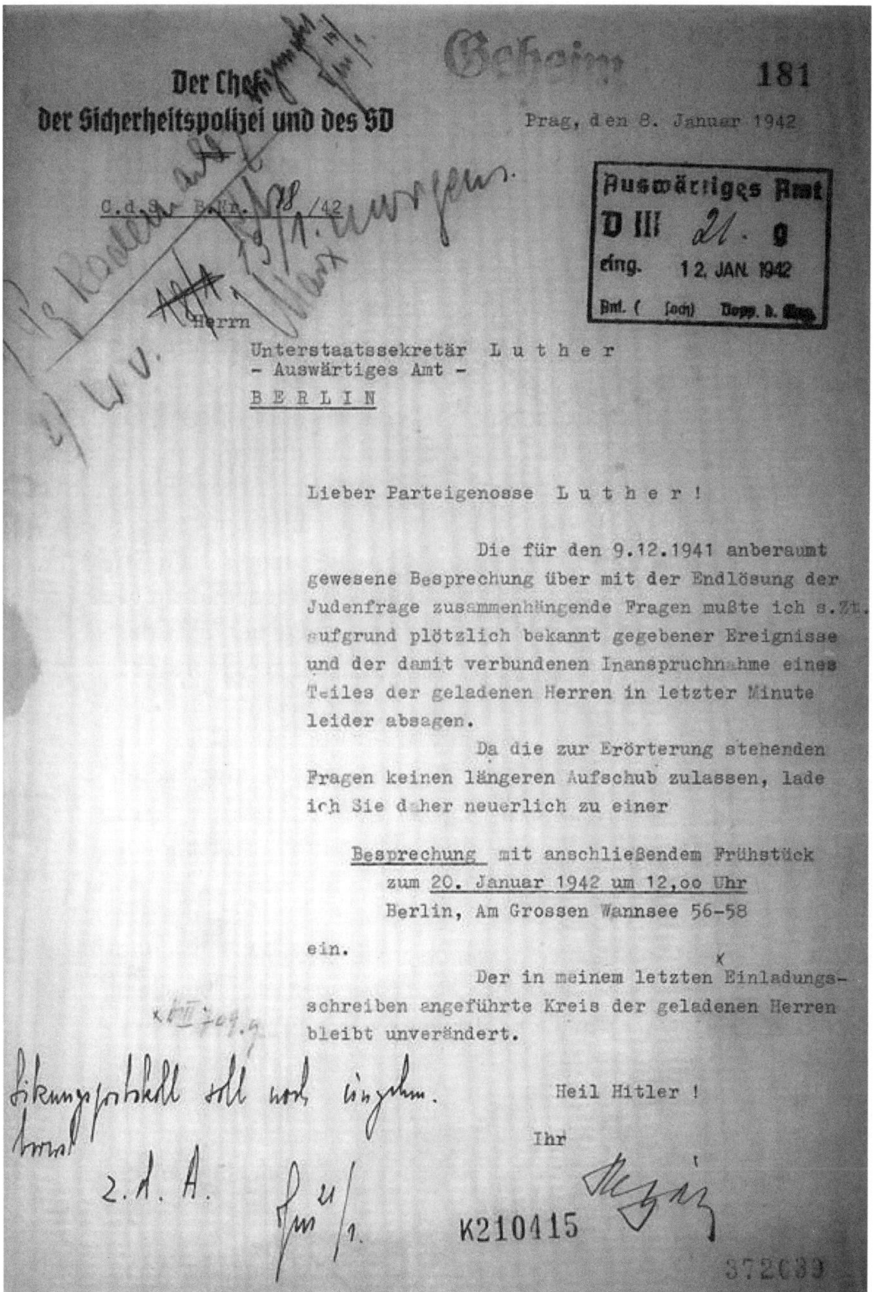

Geheim

181

Der Chef der Sicherheitspolizei und des SD

Prag, den 8. Januar 1942

C.d.S. B.Nr. 78/42

Auswärtiges Amt
D III 21. g
eing. 12. JAN. 1942

Herrn
Unterstaatssekretär L u t h e r
- Auswärtiges Amt -
B E R L I N

Lieber Parteigenosse L u t h e r !

Die für den 9.12.1941 anberaumt gewesene Besprechung über mit der Endlösung der Judenfrage zusammenhängende Fragen mußte ich s.Zt. aufgrund plötzlich bekannt gegebener Ereignisse und der damit verbundenen Inanspruchnahme eines Teiles der geladenen Herren in letzter Minute leider absagen.

Da die zur Erörterung stehenden Fragen keinen längeren Aufschub zulassen, lade ich Sie daher neuerlich zu einer

Besprechung mit anschließendem Frühstück
zum 20. Januar 1942 um 12,oo Uhr
Berlin, Am Grossen Wannsee 56-58

ein.

Der in meinem letzten Einladungsschreiben angeführte Kreis der geladenen Herren bleibt unverändert.

Heil Hitler !

Ihr

Heydrich

z.d.A.

K210415

372039

Radikalisierung hatten im Hinblick auf den sich jetzt vollziehenden Massenmord eine wichtige Funktion. Aber das bisher unvorstellbare Ziel des deutschen Vernichtungswahns, eine Welt ohne Juden, erforderte eine gewisse arbeitsteilige Systematik, mit der die Besatzer in Osteuropa Vertreibungen und Deportationen, Konzentration und Ghettoisierung, Massenerschießungen und Aushungern «effektiv» organisieren konnten. Hier setzt die Besprechung am Wannsee ein. Sie buchstabiert aus, was *on the ground* im Osten bereits reibungslos funktionierte und nun mit Hilfe aller zuständigen Stellen und unter Heydrichs Leitung zur bürokratischen «Perfektion» gebracht werden sollte.

Weder ein vermeintliches Chaos in Osteuropa noch potentielle Proteste im Reich oder im Ausland waren für Heydrich Grund zur Sorge oder gar ein Anlass, im Januar 1942 zu einer Besprechung aus seinem Protektorat an die Peripherie der Reichshauptstadt zu fliegen. Es ging ihm im Kern darum, im Regierungszentrum in Berlin seine Zuständigkeit zu dokumentieren. «Federführung» heißt das in der Sprache des Protokolls. Die sichert der Chef des Reichssicherheitshauptamts – «ohne Rücksicht auf geographische Grenzen» – sich gleich am Anfang des Protokolls ab. Heydrich ging es am Wannsee darum, die zentralen Ämter umfassend zum Massenmord zu informieren und sich nach Herstellung dieser Mitwisserschaft ihrer Mitarbeit zu vergewissern. Zudem ging es darum, den bislang lokal in Ost- und Südosteuropa stattfindenden Massenmord auf alle Juden in Europa auszuweiten.

Das Haus der Wannsee-Konferenz war ursprünglich eine Fabrikantenvilla, die in den ersten beiden Jahren des Ersten Weltkriegs von dem Architekten Paul Baumgarten errichtet wurde. Damals hatte das Haus noch die Adresse: Große Seestraße 56–58. 1940 ging es an eine Stiftung mit dem Namen «Nordhav» …

Die Stiftung Nordhav war seit 1940 Eigentümerin der Wannsee-Villa. Zuvor hatte sie auf der Ostseeinsel Fehmarn, dem Geburtsort von Heydrichs Frau, den Katharinenhof erworben. Zweck der Stiftung war es, beide Liegenschaften als Erholungsheime für SS-Angehörige auszubauen und zu betreiben. Die Wannsee-Villa als exponierter Ort am Rande der Reichshauptstadt war dafür vorgesehen, als Gästehaus der Sicherheitspolizei

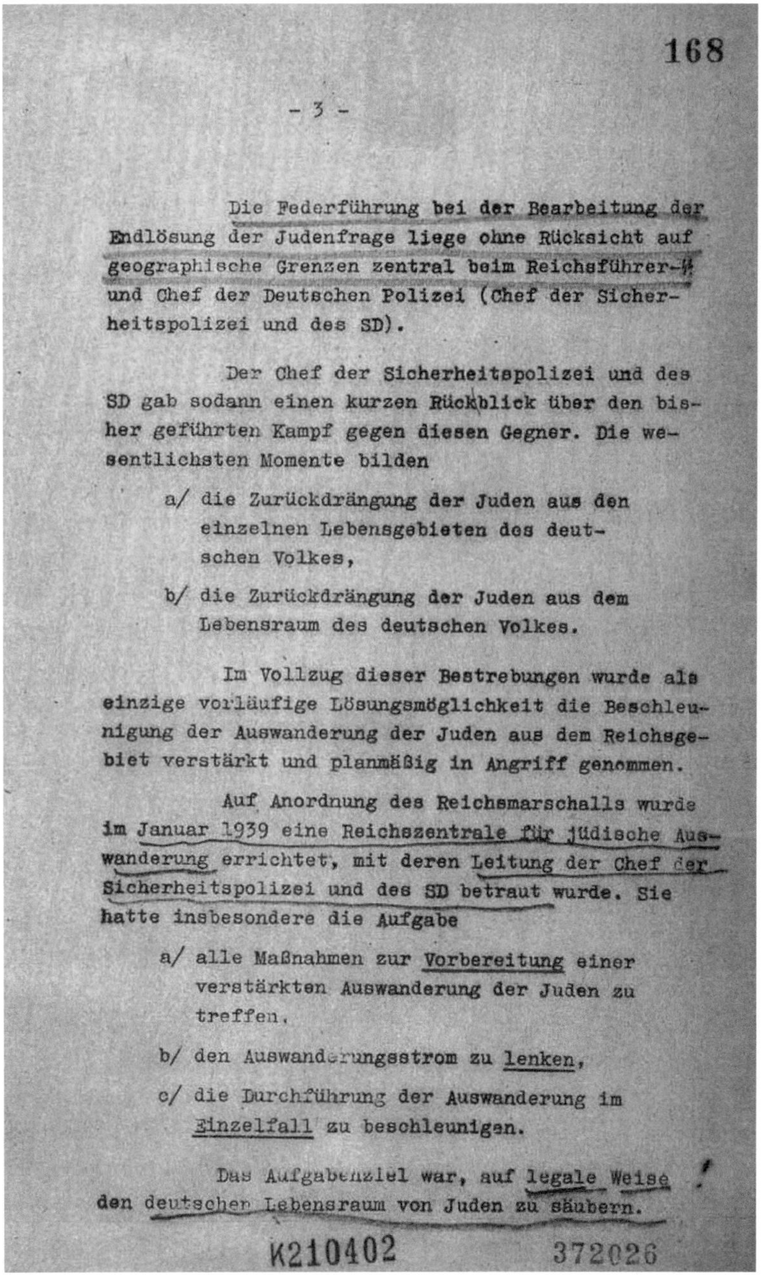

168

- 3 -

Die Federführung bei der Bearbeitung der Endlösung der Judenfrage liege ohne Rücksicht auf geographische Grenzen zentral beim Reichsführer-SS und Chef der Deutschen Polizei (Chef der Sicherheitspolizei und des SD).

Der Chef der Sicherheitspolizei und des SD gab sodann einen kurzen Rückblick über den bisher geführten Kampf gegen diesen Gegner. Die wesentlichsten Momente bilden

a/ die Zurückdrängung der Juden aus den einzelnen Lebensgebieten des deutschen Volkes,

b/ die Zurückdrängung der Juden aus dem Lebensraum des deutschen Volkes.

Im Vollzug dieser Bestrebungen wurde als einzige vorläufige Lösungsmöglichkeit die Beschleunigung der Auswanderung der Juden aus dem Reichsgebiet verstärkt und planmäßig in Angriff genommen.

Auf Anordnung des Reichsmarschalls wurde im Januar 1939 eine Reichszentrale für jüdische Auswanderung errichtet, mit deren Leitung der Chef der Sicherheitspolizei und des SD betraut wurde. Sie hatte insbesondere die Aufgabe

a/ alle Maßnahmen zur Vorbereitung einer verstärkten Auswanderung der Juden zu treffen,

b/ den Auswanderungsstrom zu lenken,

c/ die Durchführung der Auswanderung im Einzelfall zu beschleunigen.

Das Aufgabenziel war, auf legale Weise den deutschen Lebensraum von Juden zu säubern.

K210402 372026

Abb. 2
«Die Federführung bei der Bearbeitung der Endlösung der Judenfrage liege ohne Rücksicht auf geographische Grenzen zentral beim Reichsführer-SS und Chef der Deutschen Polizei (Chef der Sicherheitspolizei und des SD).» Auszug aus dem von Adolf Eichmann angefertigten Besprechungsprotokoll über die «Endlösung der Judenfrage».

und des SD für hochrangige Gäste und Besprechungen zu dienen. Das Reichssicherheitshauptamt enteignete oder kaufte in diesen Jahren im großen Stil am Wannsee Immobilien. Dass die SS sich in diese alte großbürgerliche Lebenswelt einschreibt, geschieht sicher nicht zufällig. Die Präsenz stellt klar, dass die SS nun die eigentliche tragende Säule des Reiches ist, auf die es ankommt. Als Heydrich die Spitzenbeamten der Nazi-Regierung für den 20. Januar 1942 in das Gästehaus einlädt, ist das Hofhalten und Repräsentieren in hochherrschaftlichen Räumen schon geübte Praxis. So hielt es der Reichsprotektor von Böhmen und Mähren in seinem Schloss auf dem Burgberg in Prag oder in seinem Palais auf dem Prinz-Albrecht-Gelände.

Dem historisch unbedarften Besucher sticht am Wannsee zuerst die Schönheit des Ortes ins Auge – der See, in dem sich die Sonne spiegelt, die weißen Segel am Horizont. Erschwert der *locus amoenus* die politische Bildungsarbeit?
Das Schwierige an diesem Ort sind ja nicht die Schönheit und der Kontrast zu den hier im Januar 1942 besprochenen Themen, sondern die Tatsache, dass dieser Ort ein Täterort, aber eben kein Tatort ist. Wenn wir uns die Standorte ehemaliger Konzentrations- oder Todeslager anschauen, dann handelt es sich dabei auch um schöne und liebliche Orte, die von Wiesen, Wäldern und Seen umgeben sind. Dort finden wir den Kontrast zwischen *locus amoenus* und Tatort oft noch in wesentlich ausgeprägterer Form.

Das Irritierende ist eher, dass am Wannsee über einen Verbrechenskomplex gesprochen wird, der vermeintlich sehr weit weg ist, während der Ort eine bürgerliche Kulisse – einladend und vertraut – ist. Daraus resultiert die Schwierigkeit, sich klarzumachen, dass die Verbrechen nicht in weiter Ferne, sondern vor unserer Haustür stattfanden und dass der Tatkomplex eben nicht nur Vernichtung umfasst, sondern bereits mit der Ausgrenzung und Entrechtung begonnen hat. Gerade die beschworene «Idylle» am Wannsee ist für unsere Bildungsarbeit eine gute Möglichkeit, Fragen aufzuwerfen, weil sich sofort erschließt, dass im Gegensatz von Anmut und Grauen gerade der Kern zum Verständnis des Verbrechens steckt.

Im Januar 1942 ist der Antisemitismus ein selbstverständlich akzeptierter Teil. Keiner der an der Besprechung Beteiligten sieht einen Widerspruch darin, in dem angenehmen, beheizten Ambiente einer bürgerlichen Villa mit Salon, Wintergarten und Panoramablick auf den winterlichen Wannsee die vollständige Vernichtung der jüdischen Bevölkerung Europas zu diskutieren. Darin zeigt sich, welche Normverschiebung stattgefunden hat. Der Zivilisationsbruch vollzieht sich am Wannsee fast lehrbuchmäßig. Der liebliche Ort verstellt den Blick in den Abgrund gerade nicht, sondern er legt ihn in voller Grausamkeit offen.

Mit der Hausnummer – «Großer Wannsee 56–58» – bekommt die Planung eines Völkermordes an den Juden eine konkrete Adresse. Als Gedenk- und politische Bildungsstätte ist Ihr Haus heute eingebunden in eine globale Landschaft der Erinnerung, die aktuell mit der kritischen Frage konfrontiert wird, ob die zentrale Fixierung auf den Holocaust in der deutschen Erinnerungskultur die Kolonialverbrechen des Nordens am globalen Süden marginalisiert hat.

Schon der Begriff «Erinnerungskultur» ist für mich problematisch. Es wirkt so, als hätten wir es mit einer einzigen, homogenen Erinnerung zu tun, als würden wir als Gesellschaft als monolithischer Block über die Themen Nationalsozialismus, Holocaust und Shoah nachdenken. Was die Spiegelfechtereien um den für mich immer etwas opaken, abstrakten Begriff «Erinnerungskultur» verdecken, sind die Kämpfe, die notwendig waren, um hierzulande überhaupt ein Bewusstsein für die Beschäftigung mit der NS-Vergangenheit zu schaffen. Wie mühsam jüdische, aber auch andere Betroffenen-Perspektiven erkämpft werden mussten. Und das wiederum zeigt jenseits des Gegeneinander-Ausspielens, wie stark der Kampf um die Erinnerung an die Shoah in Deutschland eigentlich den Kämpfen um Anerkennung und Erinnerung von Betroffenen anderer Gewalterfahrungen verwandt ist.

Wenn wir heute der Erinnerung an den Holocaust eine Mitschuld an der Leugnung und Verdrängung von Kolonialverbrechen aufbürden, befördern wir Betroffenen-Konkurrenz und nehmen dazu die dominierende Gesellschaft aus der Verantwortung. Ich denke nicht, dass es die Erinnerung an die Shoah ist, die der kritischen Auseinandersetzung mit Kolonialgeschichte im Weg steht. Wir sollten eher auf die Gemeinsamkeiten schauen. Und auch fragen, ob es in dieser Debatte wirklich immer nur um marginalisierte Perspektiven aus dem globalen Süden geht oder ob diese nicht als Deckmantel dienen, um die Legitimität Israels als Ort souveränen jüdischen Lebens in Frage zu stellen. Und wie weit sind wir eigentlich bereit, die Vielfalt und Heterogenität der Stimmen aus dem sogenannten globalen Süden zur Kenntnis zu nehmen? Angesichts der mutigen Proteste von Frauen gegen ein autoritäres, menschenfeindliches System im Iran ist das Schweigen gerade jener Akteure, die die Zentralperspektive auf den Holocaust als Hindernis zur Durchsetzung ihrer Erinnerungen sehen, sehr irritierend.

Ich sehe in der Debatte um die Erinnerungskultur eher einen typisch deutschen Wunsch nach Kategorisierungen und trennscharfen Begrifflichkeiten. Ambivalenzen, Widersprüche und Spannungen gehen dabei verloren.

Auch die eigene Geschichte Ihres Hauses am Wannsee in der Nachkriegsgesellschaft spricht der oft ein wenig sich selbst genügenden, saturierten Erinnerungskultur der Bundesrepublik kein besonders gutes Zeugnis aus. Erst fünfzig Jahre nach der Wannsee-Konferenz wurde nach allerlei Graswurzelarbeit und lokalem Engagement die Gedenk- und Bildungsstätte errichtet.

Was das große Wort der Erinnerungskultur ein wenig in Vergessenheit hat geraten lassen: Die Nachkriegsgesellschaft ist geprägt von Rechtfertigungen, Revisionismus, Leugnung, von Geschichtsklitterung und, ja, vielleicht auch von erstem Erinnerungskitsch, aber nicht von einem ernsthaften Bemühen, eine selbstkritische Auseinandersetzung zu suchen.

Das Haus der Wannsee-Konferenz ist über Jahrzehnte ein Schullandheim für den West-Berliner Innenstadtbezirk Neukölln. Der Historiker Joseph Wulf, ein Überlebender von Auschwitz, scheitert bei dem Versuch, hier ein Dokumentationszentrum zum Holocaust und seinen Folgeerscheinungen zu etablieren. Auch die westdeutsche und West-Berliner Gesellschaft hat sehr lange gebraucht, die Auseinandersetzung mit den Tätern zu suchen. Und so ist es vielen jüdischen Überlebenden und aus dem

Exil Zurückgekehrten gegangen: Ihnen wird mit Kälte, Misstrauen und Unwillen begegnet. Auch das hat sicher mit dazu beigetragen, dass Wulf sich 1974 das Leben nimmt. Sein Engagement trägt erst in den 1980er Jahren langsam Früchte, als sich mit Geschichtswerkstätten und den Initiativen eine «Geschichte von unten» formiert. Parallel zu den großen Debatten, zur Bitburg-Kontroverse oder zum Historikerstreit.

Auf Ihrer Homepage (www.ghwk.de) kann man die wichtigsten Dokumente der Wannsee-Konferenz einsehen und auch durch die neu konzipierte Dauerausstellung digital spazieren. Wie sehr helfen die neuen Medien bei der politischen Bildungsarbeit?
Wir haben in diesem Haus schon immer verschiedene Medien genutzt, um Geschichte zu vermitteln. Das Haus selbst erzählt eigentlich von allein nichts über die Ereignisse vom 20. Januar 1942. Sonst hätte man es nicht so problemlos als Bildungsstätte oder Schullandheim nutzen können. Erst eine Gedenkplatte vor dem Haus ermöglichte es zufällig vorbeispazierenden Besuchern, eine Verbindung zwischen dem Ort und den NS-Verbrechen zu ziehen. Als das Haus dann nach langen, zähen Kämpfen 1992 zur Gedenkstätte wurde, zog eine Dauerausstellung in die Räume ein, in denen einst getagt worden war. Sie bediente sich in der ersten Konzeption insbesondere historischer Fotografien und basierte auf dem Bildband *Der Gelbe Stern*, den der erste Direktor der Gedenkstätte, Gerhard Schoenberner, bereits 1960 zusammengestellt hat. Dieser Band hat das öffentliche Bild vom Holocaust nachhaltig geprägt. Medien dienten also von Anfang an als Hilfsmittel und Erweiterung, um Geschichte an diesem Ort erfahrbar zu machen. Wir nutzen heute alle modernen Medien, auch um gerade junge Menschen zu erreichen, die oft viel unverblümter und direkter Fragen stellen. So sind manche *TikTok*-Videos von uns und von anderen Gedenkstätten außerordentlich häufig angeklickt und kommentiert worden.

Unser Bildraum ist infiltriert von Filmen über die Wannsee-Konferenz. Historische Personen werden dort mit viel Nazi-Schminke von Schauspielern gemimt. Der Chef der Sicherheitspolizei und des SD Reinhard Heydrich in «Conspiracy» (2001) von dem britischen Schauspieler

Kenneth Branagh, der für den Fernsehzuschauer ansonsten als Kommissar Wallander aus der südschwedischen Kleinstadt Ystad ermittelt. Oder der Sachse Heydrich von dem österreichischen Schauspieler Philipp Hochmair unlängst im ZDF-Dokudrama «Die Wannseekonferenz» (2022). Die Bilder erschaffen eine eigene historische Kulisse des 20. Januar 1942. Schmucke schwarze Mercedes-Oldtimer-Limousinen fahren vor. Nazi-Uniformen, SS-Mützen mit Totenköpfen entsteigen. Livrierte Kellner servieren Cognac. In der Pause gibt es Lachsschnittchen. Was wissen wir denn eigentlich genau über das Arrangement dieser Besprechung «mit anschließendem Frühstück» am Großen Wannsee?

Tatsächlich wissen wir sehr wenig darüber, was am 20. Januar 1942 um 12 Uhr am Großen Wannsee genau passierte. Wir können noch nicht einmal zweifelsfrei ein Besprechungszimmer identifizieren. Die Tische, Stühle, Frühstücksgeschirr, Notizblöcke – all das ist nicht überliefert. Wir wissen noch nicht einmal die genaue Dauer der Sitzung. Das eine gefundene Original des Protokolls, von Adolf Eichmann strategisch für Heydrich angefertigt, liegt im Archiv des Auswärtigen Amtes – nicht einmal hier können wir vor Ort mit einem authentischen Objekt dienen, sondern behelfen uns mit einem Faksimile. Uns geht es ja auch weniger um die Suggestion von Authentizität als um historische Bedeutung. Wir fragen, was das Haus der Wannsee-Konferenz repräsentiert und symbolisiert im Gefüge des NS-Staates. Was ist an diesem Ort passiert, welche Konsequenzen hatte die Besprechung vom Januar 1942, welche Vorgeschichte hatte sie und welche Nachgeschichte? Auch wenn wir alle dreißig kursierenden Abschriften des Besprechungsprotokolls im Original zeigen könnten und dazu noch etwaige Kristallkaraffen, Cognac-Schwenker etc.: Würde sich etwas grundlegend ändern für uns an der Wahrnehmung dieses Ortes? Ich denke, nicht.

Bildnachweis:
Abb. 1 und 2: Politisches Archiv des Auswärtigen Amtes, Berlin.

Thomas Stamm-Kuhlmann

Die Brücke

In Glienicke ist Berlin zu Ende. Wenn man über die Brücke gefahren ist, ist man in Potsdam. Im Kalten Krieg konnte man diese Brücke gar nicht passieren, es sei denn, man war ein Spion, der ausgetauscht und in sein Friedenslager zurückgeschickt wurde.

Über die Brücke führte die Chaussee, die 1788 bis 1794 zwischen den Residenzstädten Berlin und Potsdam angelegt worden ist. Bis heute heißt sie Königstraße, denn hier war der König tatsächlich unterwegs, wenn er, wie so häufig, seinen Wohnsitz von Berlin-Mitte oder Charlottenburg ins Potsdamer Stadtschloss oder nach Sanssouci und wieder zurückverlegte. Auf Berliner Seite endete die Berlin-Potsdamer Chaussee am Potsdamer Tor. Von hier aus war es nicht weit bis zum Dönhoffplatz, Standort des Null-Meilen-Zeigers für die Entfernungsangabe nach Potsdam. Am Dönhoffplatz in der Leipziger Straße 75 stand das Palais des Ministers und späteren Staatskanzlers Karl August von Hardenberg, den König Friedrich Wilhelm III. 1814 in den Fürstenrang erhob.

Wenn dieser Staatskanzler so oft beim König in Potsdam sein musste, brauchte er, um standesgemäß zu leben, ein Gutshaus, das auf dem Weg zwischen dem Dönhoffplatz und den Potsdamer Schlössern lag. Wie gut, dass es am malerischen Ufer der Havel das Gutshaus Glienicke gab. Sein Besitzer, der königliche Generaladjutant und Oberstallmeister Carl Heinrich August Graf von Lindenau, hatte als Inhaber einer der Großen Hofchargen und Chef des Marstalls in Potsdam und Berlin ebenso allen Grund gehabt, verkehrsgünstig zu wohnen. 1814 hat Hardenberg, als er sich auf dem Wiener Kongress aufhielt, den Kauf von Glienicke abgeschlossen. Pendeln zwischen Berlin, Glienicke und Potsdam blieb fortan die Regel.

Arbeiten konnten Minister um 1800 fast so wie wir heute, hatten sie doch immer die wichtigsten Akten bei sich und konnten ihre Briefe und Depeschen von überallher durch die Post oder Regierungskuriere versenden. Es gab auch neue Verkehrsmittel zu Wasser. Am 3. Juli 1818 hat sich Hardenberg an der Glienicker Anlegestelle mit seiner Frau Charlotte, seiner Mätresse Friederike Hähnel und Mitarbeitern auf dem Dampfboot «Der Curier» «embarkirt», das heißt eingeschifft. Dieses Schiff war im Jahr zuvor von John Barnet Humphreys jr. in Pichelsdorf bei Spandau erbaut worden.

Mit der Umgestaltung Glienickes ist Hardenberg nicht mehr fertig geworden. Hardenbergs Sohn Christian, königlich dänischer Hofjägermeister und Konferenzrat, verkaufte das Gut Glienicke zum 1. Mai 1824 mit ca. 100 Hektar, dem Gutshaus und den Möbeln für 50 000 Taler an den Prinzen Carl, den 1801 geborenen dritten Sohn des Königs Friedrich Wilhelm III. und der Königin Luise von Preußen.

Carl brachte es eher zu einem eigenen Schloss als der Kronprinz Friedrich Wilhelm oder der zweitälteste Bruder Wilhelm. Bevor sich der Kronprinz mit seinem eigenen Projekt, dem Charlottenhof im Park von Sanssouci, beschäftigen konnte, zeichnete er für Carl ein dreigliedriges «Casino», das auf Glienicker Gelände vorn am Jungfernsee stehen sollte und das dann Karl Friedrich Schinkel verwirklicht hat. Nach Umbauten, die schon Hardenberg und andere am Gutshaus vorgenommen hatten, und seit 1824 laufenden Planungen ließ der Prinz dieses Haupthaus in den Jahren 1826 und 1827 durch Schinkel und dessen Bauführer Ludwig Persius zu dem heutigen «Schloss Glienicke» umgestalten.

Auch eine maritime Schauseite von Glienicke wurde gepflegt. Schinkel machte die Attrappe eines dreimastigen Schiffes vor dem «Casino» fest, sie ist auf verschiedenen Darstellungen zu sehen. Damit die Bewohner von Glienicke die Chaussee einsehen und dabei doch selbst unsichtbar bleiben konnten, entwarf Schinkel zwei Teehäuser, «Kleine» und «Große Neugierde» genannt. Auf dem Weg von Berlin nach Potsdam befand sich am 30. September 1834 auch Kaiserin Alexandra Feodorowna von Russland, die Schwester des Prinzen Carl. Sie unterbrach die Fahrt, um die neue Glienicker Brücke einzuweihen, die Schinkel an Stelle der alten Holzbrücke aus Stein erbaut hatte.

Die Glienicker Brücke trennt die Glienicker Lake vom Jungfernsee. Auf der anderen Seite der Glienicker Lake befand sich ein Hügel, Babel genannt. 1828 wandte sich Prinz Carl an den König und setzte sich für seinen älteren Bruder Wilhelm ein: «Nur zu genau weiss ich [...], dass die Gewährung seiner [...] Bitte, ein Sommerhaus nebst Garten auf dem Babel anlegen zu dürfen, ihn zehnmal glücklicher machen würde» als alle Ersatzangebote, die der König seinem zweitältesten Sohn machen konnte.[1] Als die neue Glienicker Brücke eingeweiht wurde, hatte der Bau von Schloss Babelsberg bereits begonnen. 1835 bezogen Prinz Wilhelm und Prinzessin Augusta von Sachsen-Weimar den Ostflügel, 1849 wurde der Westflügel fertiggestellt.

Die Glienicker Brücke ist von Babelsberg aus sichtbar. Nachdem die drei Prinzen ihre Schlösser in Glienicke (Carl), Charlottenhof (Kronprinz Friedrich Wilhelm) und Babelsberg (Wilhelm) in Besitz genommen hatten, verfolgte jeder Prinz dabei seine eigenen Ziele. Carl beauftragte Peter Joseph Lenné, der schon für Hardenberg tätig gewesen war, erneut mit der Planung der Garten- und Parkanlagen um das Glienicker Gutshaus, und das bezog nun auch einen ehemaligen Weinberg, der jetzt Böttcherberg hieß, mit ein. Nachdem das Gutshaus klassizistisch umgestaltet und mit einem bis nach Potsdam sichtbaren Turm versehen worden war, ließ Carl 1850 am Rand des Glienicker Pleasure-Ground den «Klosterhof» anlegen. Hier gab es eine Schatzkammer, in der der Prinz unter anderem den Kaiserstuhl aus dem Dom zu Goslar verwahrte, den er 1871 ins Berliner Stadtschloss auslieh, damit sein Bruder Wilhelm bei der Eröffnung des Reichstags darauf thronen konnte.

Anders als Carl verfolgte sein 1828 geborener Sohn Friedrich Karl seine militärische Karriere zielstrebig – der einen großen Teil der Wannseeinsel bedeckende Forst Düppel hat von seinem Sieg im Deutsch-Dänischen Krieg 1864 den Namen. 1862 durfte der Prinz das auf der Südseite der Königstraße gelegene, 1693 für den Großen Kurfürsten errichtete Jagdschloss Glienicke beziehen, das Carl für ihn gekauft und durch Friedrich Heinrich Ludwig von Arnim in barockisierendem Stil hatte restaurieren lassen. Hierbei vernachlässigte der Architekt «so konsequent die Stilmittel der Berlin-Potsdamer Architektur, daß das Jagdschloß von Carls Zeitgenossen als ein exotischer Fremdkörper in der Potsdamer Architekturlandschaft empfunden worden sein muß.»[2] Eine weitere Abweichung vom etablierten Potsdamer Stil dürften die von 1863 bis 1867 im dem Jagdschloss benachbarten Dorf Klein-Glienicke errichteten einfachen Holzhäuser dargestellt haben. In diesen sogenannten «Schweizerhäusern» konnten sich Naturbegeisterung, Bewunderung für alpine Bergketten,

1 Malve Gräfin Rothkirch: Prinz Carl von Preußen. Kenner und Beschützer des Schönen 1801–1883, Osnabrück 1981, S. 69.

2 Andreas Bernhard: Die Bautätigkeit der Architekten v. Arnim und Petzholtz, in: Verwaltung der Staatlichen Schlösser und Gärten Berlins (Hrsg.): Schloss Glienicke. Bewohner – Künstler – Parklandschaft, Berlin 1987, S. 81–108, hier S. 93.

wohl auch eine Neigung zur russischen Datscha, miteinander mischen.

1934 war die Königstraße Teil der von Aachen nach Eydtkuhnen in Ostpreußen führenden Reichsstraße 1 geworden, 1938 begannen die Arbeiten zu ihrem Ausbau. Die «Kleine Neugierde» durfte stehen bleiben, und die neue Straße wurde mit steiler Böschung oberhalb der «Kleinen Neugierde» entlanggeführt. Die «Große Neugierde» wiederum musste um 4,50 Meter nach Norden verlegt werden, damit die östliche Auffahrt zur Glienicker Brücke verbreitert werden konnte. Wie war es mit der 1834 von Schinkel erbauten steinernen Brücke weitergegangen? 1905 schrieb die Königliche Bauverwaltung einen Wettbewerb für einen stählernen Neubau aus, der das Aussehen einer Hängebrücke haben sollte. Auch die Umgebung der Brücke sollte neu gestaltet werden. Am 16. November 1907 wurde die Glienicker Brücke, wie wir sie im Wesentlichen heute noch kennen, durch den Regierungspräsidenten in Potsdam eröffnet. In den letzten Tagen der Schlacht um Berlin wurde diese Brücke Ende April 1945 von der deutschen Wehrmacht mit Sprengsätzen versehen, die möglicherweise durch Querschläger ausgelöst wurden. Die Brücke bekam einen Knick und stürzte mit ihrer Mitte in die Havel.

Am 19. Dezember 1949 wurde die aus dem alten Material wiedererrichtete Glienicker Brücke eingeweiht. Mit Beschluss der Landesregierung von Brandenburg erhielt sie den Namen «Brücke der Einheit». Noch sollte verbunden werden, was im Krieg gesprengt wurde. Doch schon am 1. Juni 1952 wurde die Brücke für alle Personen gesperrt, die keine von den DDR-Behörden ausgestellten Passierscheine besaßen. Mit dieser Abriegelung ihrer Grenzen antwortete die DDR auf die Unterzeichnung des Bonner «Generalvertrages» über die Westbindung der Bundesrepublik. Die Teilung Deutschlands vertiefte sich. Der Westberliner Senat beantwortete den Mauerbau von 1961 mit einem Schild: «Die ihr den Namen Brücke der Einheit gaben, bauten auch die Mauer, zogen Stacheldraht, schufen Todesstreifen u. verhindern so die Einheit.»[3]

Die Kontrollstellen, die durch die Teilung Deutschlands und den Kalten Krieg erforderlich wurden, hatten ihre Vorläufer. Die

3 Thomas Blees: Die Glienicker Brücke. Schauplatz der Geschichte, 3. Auflage, Berlin 2010, S. 90.

ersten Kontrollposten waren 1722 auf Potsdamer Seite errichtet worden, um die Akzise, einen Zoll auf die Ein- und Ausfuhr von Waren nach Potsdam, einnehmen zu können und die Desertion von Soldaten der Potsdamer Garnison zu verhindern. 1794 gab es ein Häuschen für Mauteinnehmer der neuen – gebührenpflichtigen – Potsdam-Berliner Chaussee auf der Glienicker Seite. Nach den Befreiungskriegen wurden zwar bald die Chausseegelder und die Akzise abgeschafft, doch die Brücke erhielt wieder ein Kontrollhäuschen, wo die Urlaubspapiere reisender Soldaten nachgesehen wurden.

Da Klein-Glienicke verwaltungsrechtlich zum Potsdamer Stadtteil Babelsberg gehört, stellte es nach dem Mauerbau eine kleine Tasche im West-Berliner Stadtgebiet dar, die nur durch eine schmale Brücke, die Parkbrücke über den Teltowkanal, von Babelsberg aus erreichbar war. Eine Erinnerungstafel weist heute auf den gelungenen Fluchtversuch zweier Familien hin, die sich vom Keller ihres Hauses in Klein-Glienicke aus nur mit einem Spatenblatt und einer Kinderschaufel einen neunzehn Meter langen Fluchttunnel unter der Mauer hindurch nach West-Berlin gegraben haben. Dem «Grenzsicherungsplan» der DDR zufolge herrschte im fraglichen Gebiet ein derart hoher Grundwasserspiegel, dass an einen Tunnelbau nicht zu denken war. In der Tat hatten die Flüchtlinge im Juli 1973 eine Hitzeperiode klug abgewartet, in der der Grundwasserspiegel derart sank, dass sie den Tunnel durchqueren konnten.

Einen letzten weltgeschichtlichen Moment hatte die «Brücke der Einheit» im November 1989. Am Abend des 10. November 1989, um 18 Uhr, wurde auch die Glienicker Brücke als Grenzübergang freigegeben. Nun erstrahlte der alte DDR-Name aus dem Kalten Krieg im Ereignis des Mauerfalls. Schon zwei Tage später eröffnete die BVG einen Busverkehr nach Potsdam. Am 18. Januar 1990 begann der Abbruch der Grenzsicherungsanlagen. Die Erwartung ist, dass die seit drei Jahrhunderten bestehende Kette der Kontrolleinrichtungen nun ein Ende hat. Und die große und kleine Neugierde der einen auf die andere Seite der Brücke auch in Zukunft nicht abreißt.

FRANK BÖSCH

Auch Kalter Krieg in Arkadien

Die Havellandschaften zwischen Wannsee und Potsdam gelten bis heute als Herzstück des «preußischen Arkadiens». Schlösser, Parks und Villen säumen die Ufer und eröffnen malerische Blicke auf verschlungene Seen und Ufer. Kaum etwas zeugt noch davon, dass hier bis 1989 eine kaum überwindbare Grenze Deutschland teilte. Die Glienicker Brücke, die den Ortsteil Wannsee und Potsdam seit dem 17. Jahrhundert verbindet, nannte die SED zwar «Brücke der Einheit», aber tatsächlich wurde ihre Sperrung zu einem Symbol der deutschen Teilung. Die innerdeutsche Grenze verwandelte damit eine Kulturlandschaft, die über Jahrhunderte zum ästhetischen Wohlgefallen und zur Zerstreuung entstanden war, in eine politische Sperrzone des Kalten Kriegs. Biergärten am Wasser, romantische Spazierwege und verwunschene Badestellen verkehrten sich in auch nachts grell erleuchtete Grenzanlagen mit ausgehungerten Schäferhunden und Soldaten mit Schießbefehl.[1]

Das in den 1980er Jahren aufgenommene Foto zeigt die Grenze vom Potsdamer «Neuen Garten» aus *(Abb. 1)*. Der von dem Gartenarchitekten Peter Joseph Lenné angelegte Park der Hohenzollern, in dem Kronprinz Wilhelm sein Schloss Cecilienhof baute, verwandelte sich seit 1961 schrittweise in einen Hochsicherheitstrakt, mit mehreren Zäunen, Patrouillenwegen und geharkten Sandstreifen zur Spurensicherung. Am Ufer wachten Boote der DDR-Grenztruppen. Der Wannseer Westen war an den Engen nahe: Im Bildhintergrund des gezeigten Fotos ist das von Karl Friedrich Schinkel entworfene Casino in Wannsee zu sehen, das zusammen mit anderen Gebäuden um das Schloss Glienicke eine italienische Szenerie nachbildete. Bei Fluchtversuchen durch das Wasser war das Casino der Zielpunkt. Die Landschaft des aufgeklärten Absolutismus verschanzte sich zu einer Festung der sozialistischen Ideologie, die sich vom Westen aus zoogleich beobachten ließ.[2]

Die Berliner Teilung wird oft mit dem «Mauerbau» am 13. August 1961 verbunden. Am Berliner Stadtrand von Wannsee verlief die Abriegelung in zeitlich versetzten Verlaufskurven. Schon ab 1952 durften keine privaten Autos mehr die Glienicker Brücke passieren und Fußgänger nur in zunehmend kontrollierter Form. Die Zurüstung erfolgte sukzessive. Zuerst entstanden nur nahe

1 Der Essay basiert auf Recherchen für eine 2019 eröffnete Außenausstellung entlang des Jungfernsees von der Glienicker Brücke an; weitere Informationen dazu unter https://grenze-potsdam.de.

2 Vgl. Jens Arndt: Gärtner führen keine Kriege. Preußens Arkadien und die deutsche Teilung, 3. Auflage, Berlin 2022.

Abb. 1
Die Grenze im Potsdamer «Neuen Garten» in den 1980er Jahren. Im Hintergrund das Casino von Schloss Glienicke im Ortsteil Wannsee.

der Glienicker Brücke Zaunanlagen, die sich in den folgenden Jahren weiter in Richtung Cecilienhof ausdehnten. Noch bis 1963 bestand eine Badestelle im Neuen Garten, die vom Ufer West-Berlins nicht viel mehr als anderthalb Kilometer entfernt war. Schrittweise wurde aber bald darauf der Neue Garten abgeriegelt, das Badehaus wurde zum Beobachtungsturm für Soldaten. Die «Mauer» bestand lange aus Zäunen. Erst in den 1980er Jahren ersetzte auch am Neuen Garten eine Betonmauer einen der Zäune.

Fluchten waren in den ersten Jahren noch möglich. Ende 1963 schwammen, im Abstand von Wochen, drei Freunde in selbst geschneiderten Taucheranzügen von der Meierei in Potsdam durch das eisige Wasser nach Wannsee. Einer von ihnen, Hubert Hohlbein, wirkte danach als Helfer bei vielen weiteren Fluchten aus der DDR mit. Von Klein Glienicke aus buddelten sich Anwohner bei Niedrigwasser nach Wannsee, Handwerker gelangten per Leiter über die Grenze. Danach gelang eine Überwindung der Grenze nur noch selten. Am 8. Oktober 1986 schwamm nachts ein 29-Jähriger über zwei Kilometer weit zur Wannsee-Seite, wobei er durch ein Loch im Kettennetz an der Seilsperranlage Nedlitz tauchte. Viele dagegen starben im kalten Wasser bei nächtlichen Fluchtversuchen – oft an Verkühlung. 140 Todesopfer an der gesamten Berliner Grenzanlage sind bekannt, aber weiterhin werden immer wieder neue Maueropfer ausgemacht.[3]

3 Vgl. Hans-Hermann Hertle/ Maria Nooke: Die Todesopfer an der Berliner Mauer 1961–1989. Ein biographisches Handbuch, Bonn 2020.

Ein ganz anderer Blick bot sich von der anderen Seite der Grenze, wo keine Zäune standen. Der Wasserweg entlang der Pfaueninsel hin zur Glienicker Brücke war für West-Berliner ein beliebter Ausflug am Wochenende. Mit Ferngläsern und Fotoapparaten munitioniert, konnte man «nach drüben» schauen. Wie die Aussichtstürme an der Berliner Mauer und an einzelnen innerdeutschen Grenzbereichen wurde der Wannsee zu einem touristischen Guck-Posten. Ausländische Delegationen konnten mit Angstschauer das kommunistische Schreckensregime aus der Nähe inspizieren.

Vom Wannsee aus konnte man die Villen auf der Potsdamer Seite nahe der Glienicker Brücke beobachten. Bereits die Nationalsozialisten hatten viele jüdische Besitzer vertrieben und enteignet. Andere flohen 1945 vor der Roten Armee. In die Villen mit Seeblick zogen linientreue SED-Kader, oft wurden sie auch beschlagnahmt für soziale Einrichtungen wie Kindergärten, Altenheime oder Schulungszentren. Diese befanden sich in einem Sperrgebiet von einigen hundert Metern vor dem Wasser, das man nur mit Sonderausweis betreten durfte. Der soziale Charakter dieser Einrichtungen im Sperrgebiet hatte eine sicherheitspolitische Note. Wäre es zu einem Dritten Weltkrieg gekommen, hätten die Amerikaner an der Glienicker Brücke zuerst auf ein Kinderwochenheim in der Villa Schöningen schießen müssen. Heute befinden sich hier, im Besitz des Medienmanagers Mathias Döpfner, ein kleines Museum zur deutsch-deutschen Geschichte und temporäre Kunstausstellungen.[4]

Auch im direkt am Grenzstreifen gelegenen Schloss Cecilienhof wird die Geschichte der deutschen Teilung sichtbar. Hier wohnte bis zum Kriegsende Kronprinz Wilhelm II., der Sohn von Kaiser Wilhelm II. 1932 unterstützte er nachdrücklich Hitler und dessen Umfeld, 1945 floh er nach Süddeutschland.[5] An diesem Ort eines beflissenen Fürsprechers des Nazi-Regimes trafen sich im Juli 1945 Stalin, Truman und Churchill, um die deutsche Teilung und die polnische Westverschiebung zu besiegeln. In der DDR entstand im Hohenzollern-Schloss erst ein Schulungszentrum, darauf ein Hotel, ausgerichtet auf die Einnahme von Devisen westlicher Besucher. Den Blick Richtung Wannsee blockierte ein Sperrzaun.

4 Katie Hafner: Das Haus an der Brücke. Die Villa Schöningen in Potsdam und ihre Bewohner, Wilhelmshorst 2004.

5 Stephan Malinowski: Die Hohenzollern und die Nazis. Geschichte einer Kollaboration, Berlin 2021.

Während in Berlin seit den 1970er Jahren der Besuchsverkehr anwuchs, durften die Glienicker Brücke lange nur Angehörige der westlichen Militärmissionen passieren. Sie residierten als lizensierte Spione in Potsdamer Villen, von wo aus sie sowjetische Militärs in der DDR auskundschafteten. Auf der Glienicker Brücke fanden Agenten-Austausche statt, denen Steven Spielberg mit *Bridge of Spies* ein cineastisches Denkmal setzte.[6] Was mit der Zeit zunahm, war der Handel auf der Wasserstraße entlang von Wannsee. Die Schiffe aus der DDR belieferten West-Berlin mit Mineral- und Brennstoffen, und gegen Devisen fuhren sie den Müll aus dem Kapitalismus retour.[7] Am Schiffsgrenzübergang Nedlitz nahe dem Cecilienhof fanden dafür aufwendige Kontrollen mit Hunden statt, um versteckte Flüchtlinge zu finden.

Die Grenze koppelte den vormals fließenden Übergang von Potsdam nach Wannsee und Berlin ab. Um nach Ost-Berlin zu kommen, mussten die Potsdamer nun mit der «Sputnik»-Bahn einmal West-Berlin umkreisen. Trotz all der Schikanen richteten die Potsdamer ihren Alltag und ihre Freizeit im Grenzgebiet ein. Sie badeten im Heiligen See und hängten ihre Handtücher zum Trocknen auf den Grenzzaun. Neben den Kadern zogen verstärkt auch Handwerker und Künstler in die maroden Villen in Grenznähe. In Ost und West gewöhnte man sich an die Mauer, gerade weil sie auf ewig zu bestehen schien.

Dem Fall der Mauer folgte eine lange Phase ungeklärter Eigentumsfragen. Einige Villen standen längere Zeit leer oder wurden «zwischengenutzt» – bis eine betuchte neue Klientel einzog; darunter viele bekannte Gesichter aus der bundesdeutschen Unterhaltungskultur. Das ehemalige Grenzgebiet wurde nun zum UNESCO-Weltkulturerbe geadelt, obgleich oder weil der Wiederaufbau die Spuren des Kalten Kriegs fast zum Verschwinden gebracht hatte. Um im neuen Arkadien kleine Infostelen zur einstigen deutschen Teilung aufzustellen, mussten wir jahrelang mit der Stadtverwaltung, den Anwohnern und der «Stiftung Preußische Schlösser und Gärten» ringen. Die Stelen oblagen strengen Auflagen: Sie sollten klein und grün sein und abseitig vom Ufer stehen. Die Sichtachsen der restituierten Idylle sollen vom jüngsten Kapitel der Zeitgeschichte nicht gestört werden.

6 Thomas Blees: Glienicker Brücke. Schauplatz der Geschichte, Berlin 2010.

7 Matthias Judt: KoKo – Mythos und Realität. Das Imperium des Alexander Schalck-Golodkowski, Berlin 2015.

Bildnachweis:
Abb. 1: Potsdam Museum, Sammlung Fotografie.

Dorothea Studthoff

Ach, Pfaueninsel: Animal triste!

Im Januar 2022 begegnen mir auf der Pfaueninsel eine stattliche Anzahl Pfauen, aber nur sehr wenige Säugetiere, lediglich ein paar Schafe und ein Empathiemagnet in Ponyform, die geringe Größe deutet darauf hin, dass es ein Shetland-Pony ist. Apathisch steht es mit gesenktem Kopf neben dem Zaun, der Hals so dünn, dass ich ihn mit einem Arm umfassen könnte. Es steht zwar gut im Futter, sieht aber so aus, als hätte es die Menagerie von Friedrich III. noch mit den eigenen Augen gesehen, von denen eines hellblau und milchig ist. Mit dem anderen sieht es in Richtung Havel und Ufer. Ein reizvoller Ausblick, der dem Pony vermutlich vollkommen egal ist.

Shetland-Ponys haben Tradition auf der Pfaueninsel: Der Opernsänger Heinrich Blume beschenkte 1833 den König mit einem Paar samt Kutsche, um damit auf der Insel, seiner Sommerresidenz und Standort seiner Menagerie, umherzufahren. Eines der Ponys wurde (sehr wahrscheinlich) stattliche 34 Jahre alt, das andere lebte nach der Diagnose mit Dämpfigkeit, einer chronischen Atemwegserkrankung, zumindest noch 13 Jahre lang. Zum Zeitpunkt seines Todes muss es weit über 20 Jahre alt gewesen sein.[1] Man kann also davon ausgehen, dass sie pfleglich behandelt wurden und dass sie zum «preußischen Arkadien» beitrugen, genau wie all die anderen Tiere dort auch. Bei Pferden war bekannt, wie man sie pfleglich behandelt. Bei Tieren, die zum Teil von weither kamen, wusste man das nicht so genau.

Die Menagerie dort war auf Betreiben Friedrich Wilhelms III. entstanden, nachdem er 1815 in Paris den Jardin des Plantes gesehen hatte und sich etwas ähnlich Repräsentatives wünschte. Ab 1821 gestaltete der Gartenbaumeister Peter Joseph Lenné die Insel dahingehend um. Vornehmlich in der Mitte der Insel wurden Gebäude, Käfige und Gehege gebaut, unter anderem für Lamas und Affen, auch eine Büffel- und eine Biberbucht wurden angelegt. Deutlich sichtbares Relikt der Menagerie ist heute einzig die Voliere, die immer noch von Pfauen und anderen Fasanenartigen belebt ist. Ferdinand Finkelmann war seit 1804 der Hofgärtner und formte zusammen mit Lenné die Insel zu einem Landschaftspark, fachliche Unterstützung bekamen sie von dem Zoologen an der Berliner Universität und Direktor des Zoologischen Museums Martin Hinrich Lichtenstein.[2] Ab August 1832

1 Caesar von der Ahé: Die Menagerie auf der «Königlichen Pfaueninsel», in: Mitteilungen des Vereins für die Geschichte Berlins, Jg. 47, 1930, S. 13.

2 Annelore Rieke-Müller, Lothar Dittrich: Der Löwe brüllt nebenan. Die Gründung Zoologischer Gärten im deutschsprachigen Raum 1833–1869, Köln/Weimar/Wien 1998, S. 13.

war der «in Tiergartenangelegenheiten nicht unerfahrene Tiergartenaufseher»[3] August Sieber für die Verwaltung der Menagerie zuständig. Letzterer hatte kein leichtes Los, da es unter seiner Ägide öfter zu Todesfällen, mitunter gar Massensterben kam. Aus den Tierbestandslisten lässt sich entnehmen, dass im Januar 1832 auf der Insel 96 Tierarten lebten, davon elf Affenarten, insgesamt waren es 846 Tiere. Die Bestandsliste vom August 1833 verzeichnet nur noch sechs Affenarten und insgesamt 630 Tiere, es gab also innerhalb von 18 Monaten in der Population einigen Schwund.[4]

Dass diese nicht allein verschenkt oder verkauft wurden, sondern zur Unzeit starben, das verraten die panischen Briefe von August Sieber: «Was soll ich nur Seine Majestät den König sagen wenn ich gefragt werde wo sind die Affen alle, und ich sagen muß, Tod, wenn es Ihn Herr Geheimrath möglich ist, [...] Se. Majestät den König es wißen zu laßen, daß so viele Affen ... gestorben sind und das ich nicht Schuld daran bin.»[5] Die Vorstellungen davon, was artgerechte Haltung ist, war damals noch nicht sonderlich ausgeprägt, aber man bemühte sich, wie auch Fontane bewundernd bemerkte: «Lenné, feinen Sinnes und verständnisvoll, [war] von Anfang an bemüht gewesen [...], den einzelnen Käfigen und Thiergruppen immer die passendste landschaftliche Umgebung zu geben.»[6] Was jedoch die «passendste landschaftliche Umgebung» ist, konnte nur intuitiv erahnt werden, denn das Erforschen der Lebensweise von Säugetieren war in der ersten Hälfte des 19. Jahrhunderts nicht auf der zoologischen Tagesordnung. Man schnitt Tiere lieber auf, um über sie zu lernen.[7] Und der gute Wille, egal, wie verzweifelt er zu Papier gebracht wird, ist leider selten ausreichend. Die Begeisterung derjenigen, die die Tiere betrachteten, schmälerte das zumeist nicht. «Eine Fahrt nach der Pfaueninsel [...] galt den Berlinern als das schönste Familienfest des Jahres und die Jugend fühlte sich überaus glücklich, die munteren Sprünge der Affen, die drollige Plumpheit der Bären, das seltsame Hüpfen der Känguruhs hier zu sehen.»[8]

3 Werner Kourist: 400 Jahre Zoo. Im Spiegel der Sammlung Werner Kourist, Bonn 1976, S. 88.

4 Michael Seiler: Landschaftsgarten Pfaueninsel. Geschichte seiner Gestaltung und Erhaltung, Ilmtal-Weinstraße 2020, S. 132 f.

5 Kourist: 400 Jahre Zoo, S. 88.

6 Theodor Fontane: Pfaueninsel und Sacrow. Aus den Wanderungen in der Mark Brandenburg. Stiftung Preußische Schlösser und Gärten Berlin-Brandenburg. Hrsg. von Hanna Delf von Wolzogen und Hans-Joachim Gierberg, Potsdam 2004, S. 28.

7 Rieke-Müller/Dittrich: Der Löwe brüllt nebenan, S. 30.

8 Fontane: Pfaueninsel und Sacrow, S. 27.

Ausflugsziel Pfaueninsel – der Berliner Blockbuster

Als der Pfarrer und Ornithologe Christian Ludwig Brehm – Vater des berühmten Alfred Brehm – 1832 die Pfaueninsel besuchte, berichtete er von dem Löwen, der «das eigene hat, daß er in seinem Käfig immer nur auf einer Stelle herumgeht und einen großen Theil des Raumes ganz ungenutzt lässt».[9] So soll sich ein vornehmer Löwe natürlich nicht benehmen. Der König aber erfreute sich laut seines Biographen daran, wie still und ruhig der Löwe wurde, wenn er sanfte Musik hörte, und «knüpfte an diese Erscheinung gedankenreiche psychologische Bemerkungen über die stille Gewalt, die in der Harmonie liege».[10] Sein Fokus lag also anderswo. Wahrscheinlich machte es sich auch nicht so gut in der Biographie über den König, die Verhaltensauffälligkeit eines Tieres zu beschreiben, das in der Obhut ebenjenes Königs war. Dieser Löwe war 1831 als Geschenk auf die Pfaueninsel gekommen und starb dort drei Jahre später an einer Lungenentzündung.[11]

Die Bären wiederum hatten die ärgerliche Angewohnheit, öfter aus ihrem Gehege auszubrechen. Das lässt an einen anderen Zoo auf einer Insel denken, der vom Planeten Hollywood sich ins kulturelle Gedächtnis gegraben hat: *Jurassic Park*. Die Folgen der Bärenausbrüche auf der Pfaueninsel waren für die menschlichen Bewohner weniger dramatisch als die im Blockbuster: Eine Bärengrube wurde gebaut, um solche Ausbrüche zukünftig zu unterbinden, was auch erfolgreich gelang. Die Folge für die Bären war, dass sie zeit ihres Lebens in einer Grube leben mussten.[12] «In der Mitte der Grube steht ein trockener Baum, auf dem eine Art Gefäß angebracht ist. Hier klettern zuweilen die Bären hinauf und setzen sich nieder und gewähren durch ihr possierliches Benehmen hierbei dem Zuschauer viel Spaß.»[13] Womöglich sah das ganz possierlich aus, aber auf diesen Baum zu klettern war auch die einzige Hoffnung der Bären, überhaupt einen Blick auf die Insel außerhalb der Grubenwände zu erhaschen, vielleicht auf die vierhundert uralten Eichen, die erhalten geblieben waren, weil Friedrich Wilhelm II. für die Insel festgelegt hatte, dass «nicht das geringste an Holtz- oder Buschwerk weiter gefällt werden» dürfe.[14] Heute überwintern Fledermäuse in der jetzt überdachten Bärengrube.

9 C. L. Brehm: Zoologische, vorzüglich ornitholog[ische] Bemerkungen auf einer Reise von Renthendorf nach Berlin im Herbste 1832. in: Isis 27 (1834), S. 38–70, hier S. 48.

10 Friedrich Rulemann Eylert: Charakter-Züge und historische Fragmente aus dem Leben des Königs von Preußen Friedrich Wilhelm III. Erster Theil, Magdeburg 1843, S. 78, nach: Seiler: Landschaftsgarten Pfaueninsel, S. 133.

11 Seiler: Landschaftsgarten Pfaueninsel, S. 109.

12 Natascha Meuser: Architektur im Zoo. Theorie und Geschichte einer Bautypologie, DOM Publishers, Berlin 2017, S. 58.

13 von der Ahé: Die Menagerie auf der «Königlichen Pfaueninsel», S. 2.

14 Hans Joachim Giersberg: Zum Geleit, in: Theodor Fontane: Pfaueninsel und Sacrow.

Es gab noch einige weitere berichtete Fälle, in denen es den Tieren entschieden nicht gut ging: zum Beispiel der des Elches, der aus Ostpreußen in die Menagerie kam und nach zwei Monaten dann dort unter Krämpfen starb.[15] Zudem gab es Fälle von Vergiftungen, die unaufgeklärt blieben.[16] «Wichtiger als das Tierwohl, von dem vermutlich fast alle wussten, dass es mit ihm nicht zum besten stand, war also im beginnenden 19. Jahrhundert das Bildungs- und Erholungserlebnis der Zoobesucher.»[17] Letzteres, das kann man aus den vergnügten Zeugnissen der Besuchenden schließen, war durchaus gegeben. Ein gewisses Wissen darum, dass ein Zoo nicht das prädestinierte Refugium für ein Tier ist, schimmert trotzdem durch: «Die Schwimmvögel scheinen am wenigsten von alle (sic!) den Thieren ihre Freiheit zu vermissen.»[18]

Die Insel und damit die Menagerie war seit Mai 1821 an drei Tagen in der Woche zur Besichtigung freigegeben und ein beliebtes Ausflugsziel: Bis zu sechstausend Menschen pro Tag besuchten zu ihren Heydays die nur 67 ha große Pfaueninsel. Mitunter gab es bei Ankunft ein solches Gedrängel, dass nicht wenige Besucher im Wasser landeten, anstatt auf dem Steg. Soldaten fielen durch «Drängen, Stoßen und Treten wie ausgezeichnete Grobheit und Gemeinheit in Reden»[19] auf, und ab 1838 waren vier Mann «zur Aufrechterhaltung der Ordnung» abgestellt.

Ruhiger wurde es dann auf der Pfaueninsel, als Wilhelm IV. die Herrschaft übernahm und damit auch die Tiere unter seine Fittiche kamen, sein mangelndes Interesse an der Menagerie fügte sich jedoch hervorragend mit dem Wunsch Lichtensteins, in Berlin einen Zoologischen Garten zu gründen. 1841 wurde der Beschluss gefasst, einen solchen auf dem Gelände der Fasanerie am Tiergarten anzulegen, und der König erklärte sich bereit, große Teile des Tierbestandes und der Gebäude der Menagerie diesem Zoologischen Garten kostenlos zu überlassen. Leider ist nicht überliefert, unter welchen Umständen die Tiere die Insel verließen, sie hinterließen dort aber einige kahle Flecken und leere Käfige, die noch ein paar Jahre an sie erinnerten.[20]

15 Kourist: 400 Jahre Zoo, S. 88.

16 von der Ahé: Die Menagerie auf der «Königlichen Pfaueninsel», S. 14.

17 Meuser: Architektur im Zoo, S. 55.

18 Eduard Reuß: Die Reise nach Berlin. Ein historischer Roman aus dem zweiten Viertel des neunzehnten Jahrhunderts nach ungedruckten Quellen von M. Arbog Osw. Ipsesecit, nach: von der Ahé: Die Menagerie auf der «Königlichen Pfaueninsel», S. 5.

19 Seiler: Landschaftsgarten Pfaueninsel, S. 92.

20 Ebd., S. 191 f.

Hedwig Richter

Sacrow, mon amour

Die Heilandskirche als Herrschaftsprogramm

Die Heilandskirche am Port von Sacrow schwebt über dem Wasser, ihr Bild mit den filigranen Säulengängen spiegelt sich in der Havel. Die Schönheit des Ortes erzeugt über alle Fremdheit hinweg Resonanz. Dabei könnte uns der Bauherr der Kirche, Friedrich Wilhelm IV., kaum fremder sein. Unter den nicht wenigen verdrießlichen Gestalten der Hohenzollerndynastie war er eine besonders unerfreuliche. In einem Jahrhundert, in dem die Welt neu justiert wurde, suchte er das Heil in der Vergangenheit, und mit seinem Affront, die Kaiserkrone abzulehnen, trug er 1849 wesentlich zum Scheitern einer liberaleren Ordnung in Deutschland bei.

Modern war sein reaktionärer Affekt auf die Moderne: sein Glaube an das Gottesgnadentum im bürgerlichen Jahrhundert des Konstitutionalismus, sein Zögern in der Ära der Beschleunigung und Revolution. Nur sein Kunstgeschmack entsprach der Zeit.

Die Heilandskirche steht für das Unzeitgemäße dieses Preußenkönigs. Bis ins Detail sprach er alles mit dem Architekten der Kirche, Ludwig Persius, ab. Bereits als Kronprinz hatte er eine Geisteshaltung entwickelt, die allem Neuen und Progressiven widerstand und von der Erweckungsbewegung geprägt war. Die «Erweckung» zeichnete sich durch die Konzentration auf Christus und Bibeltreue aus – und die preußische Variante zusätzlich durch den Standpunkt, das Reich Gottes bereits in dieser Welt aufbauen zu können. Für Friedrich Wilhelm bildete dabei der König von Gottes Gnaden das Zentrum. Er verstand die königliche Macht als religiöse Lehensherrschaft: Wie die Untertanen die Vasallen des Monarchen sind, so ist der Monarch ein Vasall Gottes.

Friedrich Wilhelm aber war vielseitig musisch begabt und interessiert, ein großer Förderer der Künste, der mit Geistesgrößen und Künstlerinnen der Zeit engen Kontakt hielt – von Bettine von Arnim über Mendelssohn-Bartholdy bis zu Alexander von Humboldt. Tausende Architekturskizzen sind von dem Hohenzollern erhalten geblieben, dessen künstlerische Begabung – ganz anders als später bei seinem Großneffen Wilhelm II. – für die Zeitgenossen außer Frage stand.[1] Architektur, Religion und Herrschaft gehörten für ihn organisch zusammen: In Hunderten von

1 Hartmut Mai: Die Ikonographie evangelischer Kirchen in Berlin und Potsdam zur Zeit König Friedrich Wilhelms IV., in: Jahrbuch SPSG 1 (1995/1996), S. 55–68, hier S. 56; Eva Börsch-Supan: Ludwig Persius. Das Tagebuch des Architekten Friedrich Wilhelm IV. 1840–1845, München 1980, S. 10 f.

Abb. 1
Ein kleines romantisches Gesamtkunstwerk im preußischen Arkadien. Die Heilandskirche am Port von Sacrow, 1892.

Bauten, darunter dreihundert Kirchen, ließ er programmatisch sein sakrales Herrschaftsverständnis zum steinernen Ausdruck bringen.

Die Heilandskirche ist ein solches Gesamtkunstwerk, in dem Friedrich Wilhelm seine Hoffnung auf den Bau eines gottgefälligen Staates manifestierte. Kurz nach der Thronbesteigung 1840 kaufte er das Gut Sacrow und begann mit den Plänen für die Kirche. Der Bau sollte sich am «Urchristentum» orientieren, dem die «Erweckten» eine unverfälschte und reine Lehre zuschrieben.[2] Die frühchristlichen Basiliken, wie sie sich in Italien fanden, hielten Friedrich Wilhelm IV. und seine Zeitgenossen daher für die ursprünglichste Version des Kirchenbaus. Die Italienbegeisterung des Monarchen rührte also nicht zuletzt aus diesem kirchengeschichtlichen Verständnis.[3]

Dass die Kirche Christus geweiht war, verweist einerseits auf die pietistische Frömmigkeit, die im Begriff «Heiland» anklingt, andererseits zeigt sich hier die Konzentration auf die hierarchische Augenhöhe von Gottes- und Königsherrschaft.

Nach Vorstellung der damaligen Zeit versammelten sich die frühen Christen zur Reinigung auf dem Vorplatz der Basilika. Statt des Brunnens findet sich in Sacrow das Havelwasser, zu dem eine Treppe hinabführt.[4] Nach der Reinigung betritt die gläubige Person den geweihten Raum. Im Innern entfaltet die Heilandskirche den wunderbaren Glanz des Historismus. Die

2 Ilona und Ulrich Schneider: Das Wandbild von Carl Begas dem Älteren und seine Restaurierung, in: Angelika Kaltenbach (Hrsg.): Die Heilandskirche am Port zu Sacrow. Potsdam 2017, S. 138–149, hier S. 141.

3 Ramona Simone Dornbusch: «Ich aber und Mein Haus, Wir wollen dem Herrn dienen.» Die Heilandskirche in Sacrow als Beispiel für die Kirchenbauprogrammatik Friedrich Wilhelms IV., in: Kaltenbach: Heilandskirche, S. 47–66, hier S. 49.

4 Ebd., S. 56.

Abb. 2
Auf dem Friedhof in Sacrow liegt auch Frank Schirrmacher (1959–2014) begraben. Das Zitat auf dem Grabstein des Publizisten und FAZ-Herausgebers stammt nicht von dem – mit rastloser Reform und politischer «Tätigkeit» wenig glänzenden – preußisch-romantischen Musenkönig Friedrich Wilhelm IV., sondern einem anderen Geist: Goethe an Eckermann.

Decke ist ein blauer Himmel mit Sternen geschmückt – auch das ein frühchristliches Motiv, ein Hinweis auf die Unendlichkeit Gottes; die Apsis leuchtet golden im byzantinischen Stil. Hoch zwischen den Obergadenfenstern stehen links und rechts die aus Holz geschnitzten Apostel, anmutig veränderte Kopien der Apostelstatuetten von Peter Vischer dem Älteren in Nürnberg.

Friedrich Wilhelm verdankte seine architektonische Theologie wesentlich dem gelehrten Diplomaten Christian Carl Josias von Bunsen. Als Botschafter beim Heiligen Stuhl hatte er in seinem Salon die europäische Kulturelite Roms um sich versammelt. Bunsen, ein Herold der italienischen Basilika, empfahl in seinen Schriften die liturgische Anordnung der wichtigsten Gegenstände in der Kirche, der Prinzipalien, gemäß dem Lebenslauf eines frommen Christen: Taufstein, Lesepult, Kanzel, Altar – bis zur Erlösung, dargestellt im Fresko der Apsis.[5]

Das Fresko – nach einem Entwurf von Carl Joseph Begas – bringt das Herrschaftsprogramm Friedrich Wilhelms auf den Punkt: Jesus ist nicht der Gekreuzigte, sondern Majestas Domini. Zu seiner Linken und Rechten stehen je zwei Evangelisten.

5 David E. Barclay: Mäzenatentum am preußischen Hof. Christian Carl Josias Bunsen, Alexander von Humboldt und die Umgebung Friedrich Wilhelms IV., in: Jahrbuch SPSG 1 (1995/1996), S. 11–18; Dornbusch: Heilandskirche, S. 57.

Dass die Apsis nur von männlichen Figuren, der Taube für den Heiligen Geist und einer Schar geschlechtsloser Engel bevölkert wird, ist kein Zufall. Die preußische Herrschaft wurde dezidiert männlich verstanden, eine weibliche Thronfolge war nicht möglich. «Es giebt keinen Staat der so wenig Weiberherrschaft gesehen hat wie der preußische», erklärte Heinrich von Treitschke.[6] Zu Füßen Jesu sitzt ein Adler, der auf die Schlange tritt. Der Adler symbolisiert hier die preußische Herrschaft, die Schlange den Teufel – und im Echoraum der Aufklärung: Freiheitsbestrebungen und revolutionäre Unruhen. Das Apsis-Fresko ist also keine Weltflucht in ein goldenes Jenseits, wie es auch interpretiert wurde,[7] sondern vielmehr Statement eines sehr diesseitigen Herrschaftsanspruchs.

Am 21. Juli 1844 wurde die Kirche in Gegenwart des Königs eingeweiht, nur wenige Monate nach der blutigen Niederschlagung des Weberaufstandes in Schlesien. Für einige Jahre kam die königliche Familie im Sommer fast jeden Sonntag zum Kirchgang nach Sacrow. «Gewöhnlich fuhren die Hohen Herrschaften in Booten über das blaue Havelbecken, wie denn auch die Potsdamer fast durchgängig in Gondeln und Kähnen zur Kirche fuhren.»[8]

Die stupende Erfolglosigkeit Friedrich Wilhelms IV. erklärt sich nicht zuletzt mit seiner romantischen, rückwärtsgewandten Geisteshaltung: Er hielt die Verfassung für Teufelszeug und musste sie dann doch wider Willen in Preußen installieren, er wollte das Christentum neu gründen und konnte den Bedeutungsverlust der Religion nicht aufhalten, die soziale Frage wollte er mit christlicher Caritas lindern und erlebte zu seiner Herrschaftszeit die Anfänge der Arbeiterbewegung. Doch in Sacrow versöhnt die Schönheit der Architektur und die verwunschene Abgelegenheit des Ortes mit der fremden Botschaft – ganz anders als die goldenen Bibelverse rund um die Kuppel auf dem Berliner Schloss, mit der Friedrich Wilhelm den immer etwas aufmüpfigen Berlinern seine sakrale Botschaft übermitteln ließ: «Es ist kein ander Heil, es ist auch kein anderer Name den Menschen gegeben, denn der Name Jesu, zu Ehren des Vaters, daß im Namen Jesu sich beugen sollen aller derer Kniee, die im Himmel und auf Erden und unter der Erde sind.»

6 Zitiert nach Ute Planert: Antifeminismus im Kaiserreich. Göttingen 1998, S. 36.

7 Vgl. Schneider u. Schneider: Wandbild, S. 142.

8 Heinrich Theodor Wagener: Sacrow, in: Mittheilungen des Vereins für die Geschichte Potsdams, Bd. 4 (1867), S. 1–27, hier S. 24.

In Sacrow herrscht die Schönheit. Der Fontane-Freund Heinrich Theodor Wagener schrieb 1867 über die Heilandskirche: «So steht sie da, ein schönes Denkmal Königlicher Gnade und Kunstsinnes, weithin dem Auge sichtbar, dem vorübersegelnden Schiffer ein Mahnruf zum Höchsten und unter den landschaftlichen Bildern unserer Umgegend ein Juwel.»[9]

9 Wagener: Sacrow, S. 22.

Bildnachweis:
Abb. 1: bpk. – Abb. 2: Alexander Hauk (CC BY-SA 4.0), https://commons.wikimedia.org/wiki/File:SchirrmacherAlexanderHauk.jpeg

Michael Matthiesen

Berlin-Wannsee, Straße zum Löwen

Zwei Vignetten 1874 / 1941

Am Heckeshorn in Wannsee sitzt ein Löwe und schaut auf das Wasser hinaus. Die Namen dort sind ursprünglich Flurnamen, die wie etwa Sandwerder und Schwanenwerder auch wechseln konnten. Als 1863 der umtriebige Bankier Wilhelm Conrad[1] begann, zusammen mit Freunden aus dem «Club von Berlin» und ausgehend von «Stimmings Krug» eine Kolonie als exklusive Filiale zum Tiergartenviertel anzulegen, sollte sie zunächst noch «Schweiz» heißen, in Anspielung auf ähnliche Landschaftsmodelle in Holstein und Sachsen. In der Liebe zum Wannsee ließ Conrad sich nicht so leicht übertreffen. Der Bankier drehte schon frühmorgens seine Runden im See, als das freie Baden noch mit Strafzettel strengstens untersagt war. Conrad ging strategisch vor. Er ersetzte als Erstes die alte Gaststätte durch eine eigene Villa, lockte den Seglerverein der Unterhavel in das neue Seglerhaus am Westufer und betrieb die Anlage einer separaten Bahnlinie, die ab 1874 bei Zehlendorf die Hauptstrecke verließ und sie bei Nowawes (Babelsberg) wieder erreichte.

Natürlich kannten Kenner Brandenburgs wie Fontane die Gegend, die aber eher als Annex Potsdams und seiner verspielten dynastischen Ausläufer betrachtet wurde, mit maritimen Kulissen und Fingerzeigen an die kontinentalen Verwandten in Russland, und weniger als Vorort des bürgerlichen Berlins, das noch im Forst bei Nikolassee endete. Die beiden 1873 von der Wiener Weltausstellung erworbenen Pavillons (Schweden- und Kaiser-Pavillon) brachten dann die Gastronomie und Tagesgäste an den See, der bis 1907 als Ausflugsziel, aber noch nicht als Strandbad galt; auch gab es noch kaum Anrainer vor Ort. Mit der Gründung der symmetrischen Anlage von Grundstücken auf der Halbinsel kam es dann zu einer bewussten distinktiven Neubenennung, unter dem Eindruck der historischen Entwicklung, die Adel und Bürgertum plötzlich gemeinsam nach Norden schauen ließ. Mit dem Sieg im deutsch-dänischen Krieg hatte Preußen einen ersten Schritt zur Reichseinigung getan, den die Kämpfe vor der Insel Alsen entschieden, wobei auch Conrads Schwager Colomier zu Kriegsruhm gelangt war, begleitet vom Kriegsbericht-

1 Kaufmann, Bankier und Gründer der Villenkolonie Alsen. Carl Heinrich Wilhelm Conrad (1822–1899), in: Wolfgang Schäche u. a.: Berlin und seine Bauherren. Als die Hauptstadt Weltstadt wurde, Berlin 2018, S. 65–93.

erstatter Fontane. Also hieß das Projekt fortan «Alsen», so wie das neue zentrale Wohnviertel im Spreebogen nahe des neuen Reichstags in der Stadtmitte Alsenviertel genannt wurde. Auch der Name der eigentlichen Schlacht, die Erstürmung der Düppeler Schanzen unmittelbar vor der Insel Alsen, wurde gleich doppelt vergeben, westlich der Villenkolonie am Wannsee und auf der Landseite südöstlich von ihr.

Namen. Teilen. Weiden.

Zu den Namen kamen die Trophäen. Aus Flensburg brachten die preußischen Truppen ein Löwendenkmal mit, das zunächst im Berliner Zeughaus und dann ab 1878 in der neuen Hauptkadettenanstalt in Lichterfelde aufgestellt wurde. Dort hat Ernst von Salomon den Aufzug der Fahnengruppe vor «dem Löwen von Flensburg» erlebt und in seinem Roman *Die Kadetten* (1933) beschrieben.[2] Conrad hatte schon 1874 eine Zinkkopie des Flensburger Löwen anfertigen lassen, die zunächst auf dem Hügel in der Mitte der Villenkolonie stand und ihrerseits namengebend für die Straße dorthin wurde *(Abb. 1)*. Der «rote Prinz» Karl, militärischer Kommandeur im Feldzug, stellte den Haerulfstein mit einigen Wikinger-Runen vor seinem Jagdschloß im Forst Dreilinden auf, später schmückte dann die Gründerfamilie Wessel ihre Villenkolonie auf der Insel Schwanenwerder mit einer Säule der Tuilerien aus dem 1871 eroberten Paris. Das bewegte sich ganz im Sinne einer bewussten und imperialen Horizonterweiterung des neuen Kaiserreichs, das seine Museen mit Relikten und Artefakten aus aller Welt füllte, deren Herkunft sowohl auf ethnologischem Interesse beruhen, aber auch koloniales Raubgut oder eben schlicht Kriegsbeute sein konnte. Der originale Löwe etwa wurde 1945 von den US-Truppen, die in die Lichterfelder Kaserne einzogen, unverzüglich in den Norden geschafft, aber nicht etwa an seinen früheren Standort nach Flensburg, das als letzter Sitz der Reichsregierung nun britisch besetzt war, sondern daran vorbei nach Kopenhagen, den Ort seiner Entstehung, wo ihn der König feierlich empfing. Seine Kopie in Wannsee war 1938 zur Platzgewinnung an den Rand der Kolonie zum Seeufer nach Heckeshorn in unmittelbarer Nähe des Hauses der späteren Wannsee-Konferenz versetzt worden, wo er heute noch steht.

2 Am 9. März 1920, dem Todestag von Wilhelm I., und in Anwesenheit Erich Ludendorffs als ältestem Kadetten der Anstalt. Wegen Beteiligung an der Vorbereitung des Attentates auf Walther Rathenau wurde Ernst von Salomon zwei Jahre später zu fünf Jahren Zuchthaus verurteilt. Vgl. auch den Beitrag von Martin Hollender in dieser Ausgabe.

Abb. 1
Die Kopie des Flensburger Löwen, die der Bankier Wilhelm Conrad für die neue Villenkolonie Alsen in Auftrag gegeben hatte.

Bürgermeister Ernst Reuter gab dann nach dem Abriss des Jagdsitzes Dreilinden auch den Runenstein an Dänemark zurück, wo er nun wieder als Wegmarke in der Landschaft steht.

Der gute Löwe der Kolonie

Mit dem Löwen verhält es sich komplizierter.[3] Als er 1862 in Flensburg aufgestellt wurde, geschah dies ohne das Beisein des damaligen Königs oder seiner Familie, allein aufgrund des Engagements von Orla Lehmann, dem Führer der nationalpatriotischen Partei der «Eiderdänen». Sie hatten 1850 bei Idstedt (südlich von Flensburg) in der mit 65000 Soldaten größten und wohl auch blutigsten Landschlacht, die je auf skandinavischem Boden geschlagen worden ist, die aufständischen Truppen der Schleswig-Holsteiner besiegt. Deren «Erhebung» im Schwung der Märzrevolution 1848 war eine Reaktion nicht nur auf die Ereignisse in Berlin und Paris gewesen, sondern auch die Antwort auf Pläne der dänischen Seite, die seit dem Vertrag von Ripen 1460 vereinbarte Unteilbarkeit der beiden Herzogtümer aufzulösen, das nördliche Schleswig Dänemark zuzuschlagen und Holstein dem Deutschen Bund zu überlassen. Das hätte das Ende des sogenannten Gesamtstaates bedeutet, um den es auch im Schicksal des Löwen eigentlich geht.

3 Der Idstedt-Löwe. Ein nationales Denkmal und sein Schicksal. Herning 1993.

Das Projekt eines aufgeklärten «Gesamtstaates» unter einem wohlwollenden Monarchen und deutschsprachigen Ministern[4] ging in den napoleonischen Wirren unter, in Kopenhagen besonders schmerzlich empfunden durch den Verlust Norwegens, das 1814 unabhängig wurde. Die Krone Dänemarks verlor einen königlichen Löwen aus ihrem Wappen, mit der Folge, dass sich die dänische Aufmerksamkeit umso intensiver auf die herzoglichen Löwen Schleswigs richtete, die wiederum das Wappen Flensburgs zieren. Der schon in den 1830ern virulente Konflikt brach 1848 offen aus, und Schleswig-Holstein verlor zunächst die Unterstützung der wiedererstarkten konservativen Regierungen in Deutschland und dann auch den Krieg gegen Dänemark. Patrioten wie Theodor Storm flohen ins Exil. Die Sieger aber feierten ihren Erfolg durch Denkmäler wie das des «Landsoldaten» in Fredericia und des Löwen in Flensburg, auf dem Grabhügel der Toten von Idstedt. Beide hat Hermann Wilhelm Bissen (1798–1868) angefertigt, ein Bildhauer aus der Stadt Schleswig, der privat deutsch sprach und wie sein Freundeskreis nach Kopenhagen ziehen musste, da sich in Schleswig-Holstein kein Mäzen klassischer Bildhauerkunst fand. Bissen hatte Glück, seit 1819 unter der Protektion des Kronprinzen Christian zu stehen.

Der Löwe, den er ab 1858 nach französischen und italienischen Vorbildern formte, ist dann auch das Symbol des Monarchen selbst, nicht seiner Macht, sondern der Idee des aufgeklärten Absolutismus, des guten Staates, in dem der König mit seinen klugen Ratgebern und Ministern das Volk regiert. Dieser Gesamtstaat blieb auf Distanz zu den Emotionen und Eskalationen des Nationalismus, auch wenn dessen Vertreter im konkreten Fall diesen massiven Stein von Raubkatze finanziert haben. Entsprechend war der Löwe in Flensburg unmittelbar nach seiner ersten Aufstellung wenig beliebt, zeitgenössische Illustrierte berichteten sogar von seiner «Demolirung», nachdem die Preußen 1864 die Stadt erreicht hatten. Wilhelm Busch zeichnete einen Frosch auf dem Sockel.

Die Odyssee des Löwen, der nun 150 Jahre existiert, fand erst in diesem Jahrhundert ihr Ende. Nun gelang es ausgerechnet Vertretern der Linken in der Flensburger Ratsversammlung, die «Rückkehr» des monarchischen Symbols in die Wege zu leiten,

4 Sie verboten 1792 den Sklavenhandel und retteten den aus Württemberg geflohenen Friedrich Schiller durch ein Stipendium, vgl. Christian Degn: Die Schimmelmanns im atlantischen Dreieckshandel. Gewinn und Gewissen, 3. Auflage, Neumünster 2000.

und zwar nicht mehr als nationales Siegesdenkmal, sondern als Zeichen der Freundschaft und Versöhnung. So kehrte der königliche Löwe 2011 tatsächlich von Kopenhagen nach Flensburg «zurück», nun im Beisein des dänischen Kronprinzen.

Der Löwe am Wannsee aber symbolisiert mit seiner Wendung nach Norden (umgekehrt zur Blickrichtung des Originals) die Neuausrichtung des Berliner Bürgertums, hinaus zu den Meeren, der Weltwirtschaft und kolonialen Abenteuern. Beiden Löwen gemeinsam ist der etwas ratlose, milde majestätische Blick des guten Herrschers, dem alle vertrauten.

*

Christmas Eve am Wannsee, 1941

Am Heiligabend 1941 fahren Isabel Guernsey und Doreen Turner mit der S-Bahn von Berlin-Mitte hinaus nach Wannsee.[5] Die beiden Kanadierinnen sind Kriegsgefangene des Deutschen Reiches, dessen Hilfskreuzer «Atlantis» im April ihr unter ägyptischer Flagge fahrendes Schiff «Zamzam» auf dem Weg von New York nach Südafrika vor Brasilien versenkt, aber alle Passagiere gerettet hatte. Sieben dieser Frauen befinden sich seit September in Berliner Hotels auf freiem Fuß, bis ihre Heimkehr möglich würde. Sie waren in den Wochen der sich immer weiter ausweitenden Vertreibung der Juden dort gestrandet: Am 18./19. Oktober 1941 sollte der letzte Zug jüdischer Auswanderer die Hauptstadt nach Westen verlassen – gleichzeitig rollte der erste Deportationszug in den Osten.

Guernsey und Turner folgen der Einladung eines älteren jüdischen Professors, in dessen Haus mit ihm das Weihnachtsfest zu feiern. Ein Angehöriger der US-Embassy hatte ihnen den Gastgeber ans Herz gelegt, als *a sample of the fast-dying-out Altberliner Kultur.* Die Haushälterin («Mamsell») begrüßt sie an der Tür. *Setting the scene* – er zeigt ihnen zunächst bei Tee und Christstollen die Alben seiner Familie. Dann geht es ins Speisezimmer, ein Baum aus dem Garten, Dutzende weißer Kerzen, die Krippe und schließlich das Mahl: eine gebratene Ente vom Bauernhof des Bruders der Mamsell, mit Grünkohl als Beilage, wie Doreen bemerkt, dazu französischer Rotwein, und kleine Geschenke, Sou-

5 Isabel Russell Guernsey: Free trip to Berlin, London 1943. Alle kursiven englischen Originalzitate sind aus diesem Buch.

venirs seiner Weltreisen, aus Emaille, Glas, Silber, Bernstein und ägyptische Töpfereien. Wovon sie sprachen, war bald vergessen, nicht aber die traumhafte Atmosphäre dieser Weihnachtsnacht. Isabel wird nun öfters am Wannsee zu Gast sein, sie lernt den *dark angel,* die Schatten über dem Leben des jüdischen Gastgebers, fürchten, im Februar droht bereits die Deportation, sie kann aber noch einmal um sechs Monate aufgeschoben werden.

Die Wehrmacht zieht in eine Etage des Hauses ein. Am Kachelofen in einem Armsessel des 18. Jahrhunderts sitzend, dem Erbstück vieler Generationen, erzählt der Professor von seinen Vorfahren. Immer wieder lobt er Isabels gute *receptivity*. Sie sei nun die letzte Gestalt auf der Bühne der *procession of his life*. Er versucht, mit schwarzem Humor Haltung zu bewahren. Die braune Pest dauert an. Zu Ostern erhält Isabel eine Ansichtskarte mit Motiven aus Fiesole – in der Boccaccio seinen *Decamerone* angesiedelt hatte –, die der väterliche Professor mit einer ironischen Einladung versieht: die *sister superior* habe ihr eine Zelle vorbereitet, der *frater major* bitte um Besuch. Wiederum spendiert die *Farm* des Bruders die Mahlzeiten, und eines der Eier ist mit dem Gesicht des Führers bemalt. Der Professor *with the wicked glint of a small boy* reicht Isabel eine Gabel, aber sie, *being from the north american continent,* nimmt das Messer und skalpiert das Ei. Das aber geht der *Mamzel* zu weit, und sie wirft die Beweise des kleinen Führer-Attentats mit anschließendem Frühstück in den Müll.

Im Frühling, als in den Gärten Flieder, Jasmin und wilde Rosen blühen, kommt dem Professor die Idee, Isabel und eine andere Freundin, Katharine «Kitsi» Strachan, in ein Gartenhaus am Wannsee einzuquartieren, das einer alten Verwandten gehört. Diese ist ebenso erstaunt wie die übrigen Kanadierinnen, stimmt dann aber zu, und so beginnt man das Gartenhaus mit Geschirr, Wäsche und Wandbehängen von den Reisen des Professors auszustatten, an der Tür eine Kuhglocke aus seiner Jugend, der Schulzeit in Meran. Der Garten liefert Obst und Gemüse zur Selbstversorgung, aus der Kantine des nahe gelegenen Seglerhauses kommt der Eintopf des NS-Regimes hinzu. Zwei Monate werden die Pionierinnen dort genießen können, trotz der Mücken und des fehlenden WCs, mit Ausflügen im Ruderboot nach Moorlake und mit der Bahn zur Kirschblüte nach Werder, wo ihnen Berliner Tagestouristen aber jeweils in den Restaurants zuvorgekommen sind. Auch Allison «Jamie» Henderson aus der Gruppe lernt Isabels alten Freund liebschätzen. *Now I know why you came here. I think the Professor's a darling. Naturally, said I.* Dann im Juni überbringt der Professor selbst noch seinen letzten Gästen und Freundinnen, Kriegsgefangenen des Reiches, die telefonische Nachricht des Auswärtigen Amtes mit der Anweisung zur Heimkehr nach Kanada (über Lissabon und das schwedische Schiff «Drottningholm») – und bricht darauf vor ihren Augen zusammen. Unmittelbar nach der Abreise sei er verstorben, heißt es, man wisse aber nicht, wie.

Die amerikanische Party

Cut – so weit der Bericht Isabel Guernseys. Er enthält über die geschilderten Erlebnisse am Wannsee hinaus natürlich noch viel mehr Beobachtungen, von den Umständen der Versenkung der «Zamzam» über das Gefangenenlager am Bodensee und Analysen des Kriegsalltags in Berlin bis hin zu skurrilen Szenen wie der Audienz im Adlon beim bekannten Autor der kauzigen Jeeves-Romane, P. G. Wodehouse, ebenfalls ein Gefangener des Reiches. In den ersten Monaten hatten die Kanadierinnen im Herbst 1941 aber noch ein ganz anderes Abenteuer erlebt: die Viktoriastraße 12. Bis Pearl Harbor Anfang Dezember waren ja die US-Amerikaner noch in Berlin, und mit ihnen verstanden sich die Nachbarn sofort. Der Women's Club der US-Embassy, den die Widerstandskämpferin Mildred Harnack-Fish geleitet hatte, war zwar schon aufgelöst, da die Familien bereits wieder heimgekehrt waren, nur Mildred blieb in Deutschland. Aber die Männer waren noch auf ihrem Posten. Einer hatte im leerstehenden Haus ein *Flat* mit Badezimmer gemietet, in dem nun jeden Freitagabend Party war, mit Isabel, Kitsi, Jamie und Doreen auf der einen Seite, Cyrus von der Botschaft und zwei *Boys* von United Press (UP) auf der anderen. UP war eine NS-kritische Agentur, während Associated Press mit dem Regime kollaborierte und dementsprechend die besseren Fotostorys bekam. Veranstalter dieser *bath nights* ist Cyrus. Die vom Strudel des Krieges verschlungene Viktoriastraße östlich der Matthäikirche gehörte zu den feinen Adressen des alten Tiergartenviertels, an dem einen

Ende der Straße wohnten Nationalkonservative wie der General Ludendorff, am anderen lag die Galerie von Paul Cassirer.

Isabel erinnert sich an Cyrus, vergnügt im Schneidersitz auf dem Sofa vor einem silbernen Samowar sitzend und Tee zubereitend, zugleich in Schwermut versunken, nicht mehr Menschen helfen zu können. Viktoriastraße Nr. 12 ist das Haus des wilhelminischen Hofarchitekten Ernst von Ihne, des Baumeisters der Museumsinsel und des Gehäuses Adolf von Harnacks, des alten Gebäudes der Staatsbibliothek Unter den Linden. Die Journalistin Bella Fromm hat erzählt, eigentlich hätte hier 1921 die päpstliche Nuntiatur einziehen sollen. Die Nazis vertrieben die jüdischen Bewohner, bevor Speers Germania-Pläne und die alliierten Bomben das Viertel zerstörten. Die sich leerenden Häuser boten in der kurzen Etappe dazwischen aber noch Platz für die Partys der Nordamerikaner. Vom nahe gelegenen Potsdamer Bahnhof, der auf den Stadtplänen auch Wannsee-Bahnhof hieß, gelangte man direkt hinaus an die Havelseen.

Berlin-Wannsee, Strasse zum Löwen 15

Die Nacherzählung der Erlebnisse der Kanadierinnen hatte ihre Berliner Kontakte nicht identifiziert.[6] Der Vorname des US-Amerikaners führt zu Vizekonsul Cyrus B. Follmer, *best man* bei der Hochzeit von George Kennan[7] in Norwegen und selbst mit der russischen Sopranistin Maria Maximovitch verheiratet. Ihr gleichnamiger Sohn war noch in Berlin geboren. Follmer war im diplomatischen Dienst bis nach Estland gelangt. Cyrus wohnte offiziell in der Viktoriastraße 31, gemeinsam mit Dave Nichol von der *Chicago Daily News*, dem Ehemann von Judy Barden. Die beiden UP-Korrespondenten der *Partys* waren Clinton Pat Conger und Glen Stadler.[8] Follmer war nach dem Krieg im Dienst der US-Army wiederum in Berlin, wo er Freunden von Leo Borchard half, dem 1945 von einem US-Kontrollposten versehentlich erschossenen russischen Nachfolger Furtwänglers als Dirigent der Berliner Philharmoniker. Zuletzt war Follmer Konsul in Calgary, aber wir wissen nicht, ob er dort jemals Isabel wiedergesehen hat. Aus dem Kommentar zur Edition der Brautbriefe Kurt Riezlers an Käthe Liebermann, der einzigen Tochter von Martha und Max Liebermann, ist bekannt, dass Isabel unmittelbar nach ihrer

6 Carolyn Gossage: Auf Irrfahrt. Sieben kanadische Frauen unterwegs im «Dritten Reich», Berlin 2009; dies.: The Accidental Captives. The Story of Seven Women alone in Nazi Germany, London 2012.

7 George Kennan (1904–2005) war Russlandexperte des State Departments und «Erfinder» der Containment-Doktrin der Sowjetunion. Fotos in seinen Biographien zeigen Kennan beim Baden im Wannsee.

8 Frederick Oechsner u. a.: This is the Enemy, Boston 1942.

Rückkehr nach Vancouver auch einen Brief an Käthe geschrieben hat.[9] Darin wird auch das Gartenhaus am Wannsee erwähnt, in dem Isabel und Kitsi den Frühling 1942 erlebt haben. Ein Anruf von Peter Levitt (Toronto), als Kind selbst Überlebender der «Zamzam», bei Hester Kalin, Follmers Tochter in Pennsylvania, führt dann zum Namen: Professor Dr. Werner Magnus (1876–1942), Sohn eines Seidenfabrikanten, durch seine Mutter Anna Dahlheim mit den Liebermanns verwandt[10] und durch seine Ehefrau Lucie, geborene Wiener, mit den Hahns, Sobernheims, Landaus und anderen Residenten am Wannsee.

Der alte Professor Magnus wohnt 1941 in Wannsee in der «Strasse zum Löwen 15», in dem allerdings nur Follmer im Adressbuch verzeichnet ist. Es hatte vor dem Weltkrieg einem Onkel gehört, später dem Fabrikbesitzer Georg Hahn aus dem Konzern der Röhrenwalzwerke von Albert Hahn, der Niederlassungen von Duisburg über Neu-Oderberg in böhmisch Schlesien bis Moskau und Dnjepropetrowsk in der Ukraine besaß. Sie waren durch ihren Geschäftspartner Oscar Huldschinsky an den See gekommen und wurden im Dritten Reich durch Mannesmann «arisiert».[11]

Werner Magnus war Botaniker, nicht ganz so bekannt wie sein Onkel Paul, aber doch mit eigenem Profil, das deutlich ökologische Züge trug. Er publizierte nach der Dissertation zur endotrophen Mycorrhiza (der Symbiose von Pflanzen und Pilzen) über die Formbildung der Hutpilze, die Entstehung der Pflanzengallen, den physiologischen Atavismus unserer Eichen und Buchen, die atypische Embryonalentwicklung der Podostemaceen (moosartige Wasserpflanzen) und gemeinsam mit seinem Freund Hans Friedenthal über Verwandtschaftsreaktionen bei Tieren und Pflanzen. Leopold Kny, dem Herausgeber der berühmten botanischen Wandtafeln, widmete er einen kulturhistorischen Nachruf, der bis Gustav Freytag reichte. Als Dozent der Königlich Landwirtschaftlichen Hochschule in der Invalidenstraße betreute Magnus die Dissertation von Hellmut Späth über den Johannistrieb. Auch Späth, der letzte Inhaber einer der ältesten und größten Baumschulen des Reiches in Treptow, wurde sein Freund, mit dem er 1924 eine Denkschrift zur Errichtung einer Höheren Gartenbauschule verfasste, die gerade zur Festigung der

9 Guenther Roth/John C. G. Röhl (Hrsg.): Aus dem Großen Hauptquartier. Kurt Riezlers Briefe an Käthe Liebermann 1914–15, Wiesbaden 2016, S. 290 f. Vgl. Guenther Roth: «Die Schönheit der wilden Bewegung». Kurt Riezlers Briefe 1914 an Käthe Liebermann, in: ZIG, Heft VII/2, Sommer 2012, S. 105–115.

10 Durch seine Schwester Magda Goldschmidt auch mit Reinhold Maier (DVP/FDP), dem Gründer Baden-Württembergs, der ihre Tochter Gerta gleich zweimal geheiratet hat (vor 1933 und nach 1945).

11 In einer weiteren Villa der Familie in der Bergstraße 2 spielt der einzige Roman von Kurt Hahn «Frau Elses Verheißung» (1910), der die Rettung des Sohnes durch die Mutter vor dem schikanösen Schulwesen beschreibt.

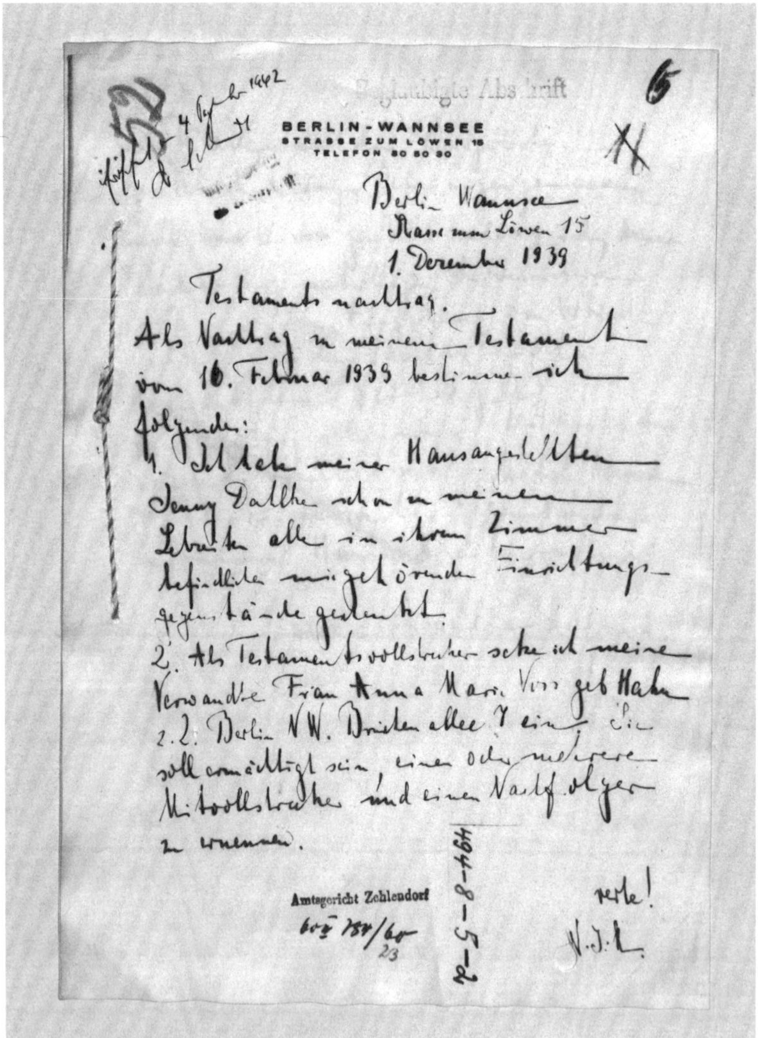
Beglaubigte Abschrift

BERLIN-WANNSEE
STRASSE ZUM LÖWEN 15
TELEFON 80 50 30

Berlin Wannsee
Strasse zum Löwen 15
1. Dezember 1939

Testamentsnachtrag.

Als Nachtrag zu meinem Testament vom 16. Februar 1939 bestimme ich folgendes:

1. Ich habe meiner Hausangestellten Jenny Dahlke schon zu meinen Lebzeiten alle in ihrem Zimmer befindlichen mir gehörenden Einrichtungsgegenstände geschenkt.

2. Als Testamentsvollstrecker setze ich meine Verwandte Frau Anna Marie Voss geb Hahn z. Z. Berlin NW. Brückenallee 7 ein. Sie soll ermächtigt sein, einen oder mehrere Mitvollstrecker und einen Nachfolger zu ernennen.

Amtsgericht Zehlendorf

W. I. M.

Abb. 2
«1. Ich habe meiner Hausangestellten Jenny Dahlke (…)». Berlin-Wannsee, Strasse zum Löwen 15. Testamentnachtrag vom 1. Dezember 1939, unterzeichnet mit «Werner Israel Magnus».

«Volksgemeinschaft» in den zu begrünenden Innenstädten beitragen sollte.

Der Chronik dieser Firma ist Magnus einziges bekanntes Portrait entnommen, das ihn bereits mit Monokel zeigt. Ein Auge begann zu erblinden, was weitere Forschungsstudien erschwerte. Späth ist infolge einer Denunziation noch 1945 von der SS im KZ Sachsenhausen ermordet worden. Magnus und Friedenthal nahmen sich im August 1942 das Leben, als die Deportationsbefehle sie erreichten, ein Jahr vor Magda Liebermann, die ihnen 1943 folgte. 1944 schied der Verleger Fritz Springer in Wannsee, Zum Löwen 12, aus dem Leben.

Zuerst in Mitte wohnhaft Am Karlsbad 4a, südlich des Landwehrkanals, dann auch in der Viktoriastraße 9, lebt Magnus nun tatsächlich am Wannsee als Mieter von Anna Voss, geb. Hahn, und deren Ehemann Dr. Hans Voss, in republikanischen Zeiten Polizeivorsteher von Zehlendorf. Ihn wird er als seinen Erben einsetzen, allein schon wegen der Mietrückstände, die sich seit 1939 angehäuft hatten. Seine Testamente, jeweils auf Briefpapier «Berlin-Wannsee, Strasse zum Löwen 15» niedergeschrieben, sind im Landesarchiv Berlin erhalten.[12]

Die idyllische Community am Wannsee war längst zerschlagen. Das hatte schon 1933 eingesetzt mit der Vertreibung der jüdischen Gründergeneration des mondänen Golf- und Landclubs, in dem der Bankier und Kunstsammler Herbert Gutmann die deutsche Aristokratie, Berliner Gesellschaft und angelsächsische Gäste, aber eben auch die Familie Magnus versammelte. Lucie Magnus, eine passionierte Golferin, der ihr Mann ein eigenes «transportables» Holzhaus am Parcours des herzoglichen Clubs in Oberhof bauen ließ, war bereits in den 1930er Jahren mit den Kindern in die USA ausgewandert. Von dort richtete sie nach 1945 Restitutionsanfragen nach Berlin, die im Dickicht der Behörden versandeten. Darin gedachte sie verarmter Verwandter wie ihrer Schwägerin Nita Winer, geb. Nohl, verheiratet mit ihrem Bruder Fritz August. Fritz war 1906 mit einer Darstellung über die Börse promoviert worden und dann Berliner Kommissär der rheinischen Bank von Louis Hagen gewesen. Diese Firma Hagen hieß ursprünglich Levy und gehörte zu Salman Oppenheim; aus der Familie entstammt auch die Sängerin Nina Hagen. Fritz

12 Akten der Wiedergutmachungsämter, Landesarchiv Berlin. Jacob Jacobson, der Genealoge der jüdischen Gemeinde, der gemeinsam mit Leo Baeck in Theresienstadt überlebt hat, folgte seinem Sarg. Er hat später berichtet, Magnus habe Abstammungsnachweise angefertigt, um Freunde vor der Deportation zu bewahren.

änderte seinen Nachnamen in Winer und hat sich im Sommer 1938 erhängt. Auf der Traueranzeige des Patriarchen Richard «Wiener» fand sich 1928 neben der Familie Magnus auch Herbert Bohm, der einer «Mischehe» von Lucies Schwester Erna mit dem Maschinenfabrikanten Paul Bohm entstammte. Er wird das Dritte Reich überleben.

Die Fabrik Bohm war auf die Politur von Marmor spezialisiert und hat dies an der Siegessäule eindrucksvoll demonstriert. Nach 1945 von den Sowjets in Fredersdorf enteignet und inhaftiert, floh Herbert Bohm nach West-Berlin und wurde dort Sprecher des Senats und Abgeordneter der CDU. Hans Voss, der Erbe von Magnus, war 1945 in seinem Haus am Wannsee von russischen Soldaten erschossen worden. Als Werner Magnus 1939 sein erstes Testament (für Voss) aufsetzte, galt dies noch restlichen Vermögenswerten, im Zusatz 1941 ging es dann schon um die Wohnungsauflösung. Die Haushälterin in Wannsee, Jenny Dahlke, erhielt den Sessel aus dem 18. Jahrhundert; sie hatte das Festessen zu *Christmas Eve* angerichtet.[13]

13 Dank an Peter Levitt, Mary Rogers, Jim Stockwell, Tom Joski, Olaf Dudzus, Aaron Fogleman und David Henderson.

Bildnachweis:
Abb. 1: Aus: Villencolonie Alsen am Großen Wannsee, Berlin 2012. – Abb. 2: Landesarchiv Berlin, B Rep. 025-07, Nr. 1110/59 Blatt 76.

Michael Krüger

Das Strandbad

Szenen einer Kindheit

Mein Vater war ein enthusiastischer Sportler, der noch im Alter jedes Jahr das goldene Sportabzeichen wiederholte und jedes Mal, wenn er mit der Urkunde nach Hause kam, erleichtert den Satz sagte: «Es ging noch ganz einfach.» Warum er sich der Tortur unterzog, war nicht herauszufinden. Außerdem war er ein mit buchstäblich allen Wassern gewaschener Paddler, der alle großen Flüsse Deutschlands, wenn nicht Europas, gepaddelt hatte und nun am Sonntag die sportlich nicht gerade herausfordernden Gewässer rund um Berlin durchpflügen musste. Seine Boote – Klepper, auf diese Marke ließ er nichts kommen – lagen in einem der Post gehörenden Bootshaus in bester Lage am Kleinen Wannsee, zwei Sprünge über Land vom Kleist-Grab entfernt.

Wenn wir ihm nicht entwischen konnten, musste eines der vier Kinder mit ihm am Sonntag aufs Wasser gehen, was keiner von uns als besondere Auszeichnung empfand. Einmal aus prinzipiellen Gründen, weil wir ein gesundes Misstrauen gegenüber Sport hatten, und ferner, weil das Paddeln im Zweier ein extremes Gleichzeitigkeitsgefühl voraussetzt, was uns offenbar abging. Individualismus, wie er uns als Lebensform vorschwebte, war nicht gefragt. Man darf, wenn man vorne sitzt – und natürlich mussten wir vorne sitzen –, den Rhythmus nicht einfach beschleunigen oder verlangsamen, weil das erste Gesetz der Paddelordnung lautet: Wer hinten sitzt, bestimmt. Während ich mich gerne in die Nähe der damals aufkommenden Motorboote begeben wollte, weil ich neugierig war, wie die von uns natürlich verachteten Neureichen, die Piefkes, so lebten, die nie in ihrem

Leben ein Paddel berührt hatten und gar nicht abschätzen konnten, welche Schönheit, welche ungeahnte Freiheit im Paddeln liegt, bevorzugte mein Vater die offene Fläche und fand es beleidigend, Segelbooten ausweichen zu müssen. Sogar auf die Ruderer, die mit ihren Vierern und Achtern an uns vorbeizogen, schaute er missbilligend, weil sie, zum Beispiel in reißenden Gewässern, dem Klepper-Boot natürlich nicht das Wasser reichen konnten. Aber der Wannsee und die Havel waren nicht gerade reißend, und selbst Gewitter waren auszuhalten, wenn die Blitze nicht zu nahe kamen.

Aber noch etwas kam hinzu, was uns die Fahrten im Doppel-Klepper verleidete: Mein normalerweise sehr zivilisiert auftretender Vater hatte die unangenehme Eigenschaft, plötzlich und unvermittelt und ohne mit dem einförmigen Paddeln innezuhalten, bei strahlender Sonne mitten auf dem Wannsee von hinten zu fragen: Wo liegt Peking? Wenn man daraufhin das Paddel ablegte, um den Stand der Sonne zu erfassen, und etwas vage mit der rechten Hand einen Halbkreis beschrieb, an dem mit etwas Glück Peking hätte liegen können, erhielt man einen Schwall Wasser über den Kopf. Nicht aus böser Absicht, sondern aus Enttäuschung. Er war ganz einfach zutiefst enttäuscht, dass ich nicht in der Lage war, hinter Kladow oder hinter Schwanenwerder die Stadt Peking zu orten. Und aus Enttäuschung schlug er mit seinem Paddel auf das unschuldige Wasser des Wannsees, das mich dann kalt überschwemmte. Es war mir offen gesagt ein Rätsel, wie man auf dem Wannsee an Peking oder, noch schlimmer, an Timbuktu oder Istanbul denken konnte. Vor allen Dingen wollte mir nicht einleuchten, dass es zur Bildung – zur einfachen und nicht einmal zur höheren, humanistischen Bildung – gehören sollte, auf dem Wasser des Wannsees, der nur zur Hälfte dem humanistisch denkenden Westen gehörte, zu wissen, ob Peking mehr hinter Glienicke und Timbuktu oder mehr hinter dem Schlachtensee lag. Der andere, nichthumanistische Teil, wozu ganz eindeutig Peking gehörte, gehörte zum Osten, zum Ostblock, und weil der mütterliche Teil der Familie aus dem Osten stammte, wussten wir, wovon wir sprachen. Da nun aber um ganz Berlin herum Osten war, war es doch eigentlich gleichgültig, wo Peking lag?

Abb. 1
Jugend in Berlin-Wannsee um neunzehnhundertsechzig. Schnappschuss von Michael Krüger (rechts) und seinen Eltern vor der Schultheiss-Gaststätte – nach einem Anpfiff des Klassenlehrers auf einem Elternabend kurz vor dem Abitur. «Der Grund für meine permanente Unaufmerksamkeit war die Ablenkung durch eine französische Austauschschülerin, die aus mir nicht mehr erinnerlichen Gründen in einem Zimmer im Keller des Hauses wohnte, in dem später Walter Höllerer das Literarische Colloquium eröffnen durfte.»

Eine solche Argumentation leuchtete meinem humanistischen Vater nicht ein. «Ich weiß zwar viel, doch möcht ich alles wissen», dieses Zitat aus dem *Faust* hatte er ständig auf den Lippen. Mein Vater bevorzugte historische Studien, um seine lange geplante, aber nie vollendete Geschichte der Post von der Antike bis zur Gegenwart voranzutreiben, ein Mammutprojekt. Kurz vor dessen Tod habe ich Friedrich Kittler von diesem Projekt erzählt, der sofort Feuer und Flamme war: Ich sollte es unbedingt vollenden und veröffentlichen. Für ihn war der griechische Bote der erste Briefträger und das Briefeaustragen der guten wie der schlechten Nachrichten das eigentliche Ferment der Entwicklung der Zivilisation. Mein Vater hätte erleben müssen, mit welchem Enthusiasmus der genialische Kittler seine Philosophie der Post aus der Hand entwickelte, fabelhaft, während der Vater in monatelanger Nachtarbeit herauszufinden versuchte, wie lange es brauchte, bis eine verschlüsselte Botschaft der Habsburger ihren Adressaten in Mexiko erreichte.

Was die Kenntnisse über die Welt betrifft, so fügte ich nach längerer Disputation der Familie am sonntäglichen Mittagstisch hinzu, es könne nichts schaden, auch ein wenig von Chemie und Physik zu verstehen – besonders dann, wenn meine Noten in diesen Fächern miserabel waren. Davon verstand nämlich keiner was in der Familie, und ich wurde aufgefordert, mich «an die eigene Nase zu fassen». Ich besaß den «kleinen Chemiebaukasten», mit dem ich allerhand Unheil anrichtete, aber natürlich war mir nicht klar, wie die Zukunft von meinen Experimenten abhängen sollte, die bislang nur Löcher in die Möbel gebrannt hatten. «Wenn du eine Formel gefunden hast, wie man Gold gewinnt, dann kannst du dich wieder melden», sagte mein Bruder, der damals schon behauptete, das wahre Gold sei die bedeutende Literatur eines Landes.

Zur Herstellung von Gold ist es aus verschiedenen Gründen nicht gekommen, unter anderem deshalb, weil ich immer an das Strandbad Wannsee denken musste, das wie eine verheißene Goldküste vor meinen Augen lag: ein endlos langer weißer Strand, an dem jetzt, während ich nach der Erdkunde mit Fragen nach dem Frontverlauf des Dreißigjährigen Krieges unter besonderer Berücksichtigung von Wallensteins Truppenbewegungen traktiert wurde, meine Freunde Rudi und Thomas im feinen warmen Sand lagen und den Mädchen hinterherschauten, die in so unglaublichen Massen auf den Tribünen flanierten, dass einem angst und bange wurde. Was war der verdammte Dreißigjährige Krieg im Vergleich zu dem Gefühl, mit nackten Füßen über die sandigen Fliesen zu schlurfen? Timbuktu war in roten Sandstürmen untergegangen, Peking wurde von den Sandstürmen aus der chinesischen Steppe bedroht, nur im Strandbad Wannsee war der Sand in erträglichem Maße verfügbar. Dieser helle Sand war eines der großen Rätsel der an großen Rätseln arm gewordenen Stadt, die unter prekären politischen und wirtschaftlichen Bedingungen mehr schlecht als recht dahinvegetierte. Denn der gesamte übrige Sand in Berlin und der Mark war grau, eine unendliche graue, manchmal grauschwarze Masse an Sandkörnern, die laut Befehl der preußischen Könige in diesem beklagenswerten Teil in der Mitte Deutschlands ausgestreut worden war. Die Ufer des Nikolassees: grauschwarz verschlammtes, manchmal von öligen Schlieren durchzogenes Gelände, das erstklassige Verstecke bot, modriges Wasser, brütende Enten, Wasserratten, Schilfrohr, dessen Rohrkolben uns als Zigarrenersatz dienten. Die Ufer des Schlachtensees: grauschwarze Erde, etwas höher nur noch grau, dunkles, manchmal stickig riechendes Wasser, weil es keine wirklichen Zuflüsse gab. Auch der Wannsee hatte Seiten, die «nicht gerade koscher» waren, wie meine Mutter sich ausdrückte, aber er war den anderen Seen natürlich haushoch überlegen. An den Nikolassee ging man, wenn man etwas zu verbergen hatte, in den Schlachtensee ging man täglich zum Schwimmen, der Wannsee war den großen Stunden vorbehalten.

An Sonntagen im Sommer fuhr man, wenn man etwas auf sich hielt, ins Strandbad Wannsee. Das Strandbad war Ostsee und

Nordsee in einem. Aber während an unseren nördlichen Meeren das Wasser alle paar Stunden zurückging und eine endlose, farblich nicht besonders reizvolle, blasige, von bösen lauernden Krebsen bewohnte Fläche aus Schlamm zurückließ, hatte im Strandbad alles seine feste Ordnung: das Wasser, das in meiner Jugend nur von wenigen angeberischen Motorbooten aufgepflügt war, in denen die von uns verachteten (in Wahrheit natürlich beneideten) Neureichen ihre Muttis spazieren fuhren, schwappte träge an das immer von blendend weißem Sand gesäumte Ufer. Ganz weit hinten blinkten die Segelboote wie entfernte Träume, und manchmal zog einer der Dampfer der sogenannten Wannsee-Flotte mit qualmendem Schornstein vorbei. Wenn vom Dampfer aus gewinkt wurde, musste man in größter Ruhe auch einen Arm bewegen. Aber nie als Erster winken! Das ist spießig. Und wenn sich ein Ruder- oder sogar ein Paddelboot an das weiße Gestade des Strandbads verirrte, wurde es augenblicklich von der weiß livrierten Wasserwacht umzingelt und belehrt. Der Feind, der schon von Weitem gesehen wurde, hatte keine Chance bei uns. Saß eine Frau mit im Boot, bildete sich augenblicklich ein großer Kreis von Experten, die sie unter die Lupe nahmen: Aussehen insgesamt, Gesicht, Busen, Oberschenkel, Badeanzug oder Bikini. Alles Schreckliche, Chaotische, Zwanghafte, was unser Leben bestimmte, von der Schule bis zur Politik, von den sozialen Unterschieden bis zu den Kleiderordnungen, schnurrte hier zusammen zu einer einzigen bewegten sozialen Plastik, in der Eis am Stiel geschleckt und Brause getrunken wurde, und wer wenig Geld hatte, brachte seinen Brausepulverwürfel mit und warf ihn wie die Oma ihre Zähne in ein Glas Wasser (das kostenlos abgegeben wurde). So etwa musste, wenn es denn überhaupt eines gab, das Paradies aussehen. Das Wort kannten wir nicht, ich kann mich jedenfalls nicht erinnern, es damals im Mund gehabt zu haben. Paradiese gab es in Berlin nicht. Als ich, aus Sachsen-Anhalt kommend, in Berlin eintraf, wurde die Schulspeisung mit dem Flugzeug eingeflogen; und gleich nebenan war das Lager Düppel mit all dem Elend, das sich denken lässt, und die Nachrichten fingen immer mit dem Satz an, dass die vier Mächte, unbeschadet ihrer Rechtsposition, sich wieder einmal nicht einigen konnten. Nur einmal erlebte ich meinen Vater morgens sehr fröhlich beim Rasieren, es war der 5. März 1953, ich war neun Jahre alt. Als ich müde und missgelaunt das Bad betrat, sah ich in seinem schaumumrandeten Gesicht eine diebische Freude und war darüber so erschrocken, dass ich ihn fragte, ob etwas Schlimmes passiert sei. «Wie man's nimmt», sagte er, «Stalin ist gestorben.»

Vier Wochen vor Väterchen Stalins Tod war die Situation zum Verzweifeln, das bekam mein armer Vater natürlich hautnah mit.

Zufällig liegt neben mir eine Ausgabe der *Neuen Zeitung* vom 12. Februar 1953, die ich aus der Kiste mit dem Nachlass meines Vaters gefischt habe. Darin steht auf der ersten Seite, dass am Vortag 1200 Flüchtlinge in West-Berlin gemeldet worden waren, allein im Februar etwa 13 000. Auch 1200 Flüchtlinge jüdischer Abstammung waren eingetroffen. «Obwohl die betreffenden Personen nicht zu den Mitgliedern der Jüdischen Gemeinde zählen, mussten sie befürchten, wegen ihrer verwandtschaftlichen Beziehungen zu maßgeblichen Juden verfolgt zu werden.» Es wird ein Brief des Regierenden Bürgermeisters Ernst Reuter an die *New York Herald Tribune* zitiert, in dem dieser die amerikanische Bevölkerung um Spenden für die Flüchtlinge aus der Sowjetunion bittet. Trotz aller Anstrengungen, so heißt es in dem Brief, fehle es an Wohnungen, Nahrungsmitteln und Bekleidung. Es gebe keine Hoffnung auf Arbeit und ein normales Leben für die Flüchtlinge. «Wir können sie nicht abweisen», so schreibt Reuter, «denn das wäre ein Betrug an der Freiheit, die wir haben und die sie suchen.» Auf der letzten Seite dieser Ausgabe, die voller furchtbarer Fluchtgeschichten ist, steht ein Bild meines Vaters, der in der rechten Hand eine japanische Sparbüchse in Form einer Puppe hält, in der linken eine Sparbüchse in Form eines kleinen Blechbriefkastens. Der Text dazu lautet:

«Diese kleine geschnitzte und buntlackierte Sparbüchse in Form einer Geisha sandte der Leiter der japanischen Postsparkasse, Ischiro Hatakeyama, dem Finanzpräsidenten der Westberliner Senatspost als Dank für den Neujahrsgruß aus Berlin, der von einem der Liliput-Sparbriefkästen begleitet war. Die Senatspost will jetzt ihre Briefkasten-Sparkassen an alle befreundeten Postverwaltungen im Ausland senden und hofft, als Gegengaben eine Sparbüchsensammlung für das Postmuseum zu gewinnen.»

Das geschah alles 1953, zu einer Zeit, da noch geschäkert werden durfte, eine hoch komplizierte, ungeschriebenen, aber eingehaltenen Regeln folgende Fertigkeit, die dann von dem etwas banaleren Flirten und schließlich vom brutalen Anmachen abgelöst wurde. Da man nicht allein auf ein Mädchen zugehen konnte, das ihrerseits auch nicht allein auftreten durfte, traten immer zwei Gruppen gegeneinander an, und natürlich stellte sich rasch heraus, wer der Schlaueste war und wer die am wenigsten auf den Mund Gefallene. Mir will beim besten Willen nicht mehr eingefallen, was wir uns zugerufen haben. Ich weiß aber, dass es manchmal Sätze waren, die nur an uns gerichtet waren, Aufmunterungssätze, damit wir bei der Stange bleiben, und dann wieder solche an die Mädchenformation, die dann mehr oder weniger klug, witzig, aufreizend oder auch nur kess beantwortet wurden. Wie sich die beiden Gruppen jeweils gebildet haben, habe ich vergessen, jedenfalls stand man plötzlich wildfremden Mädchen gegenüber. Aber die Gesichter hat man natürlich nicht vergessen, und am nächsten Wochenende hatte man bereits ein paar Punkte auf dem Glückskonto, wenn man eines der Mädchen erkannte oder von einem von ihnen erkannt wurde. Ich kann leider nicht behaupten, je der Anführer einer der Jungengruppen gewesen zu sein, die ja in den Ferienzeiten aus ganz Berlin nach Wannsee kamen. Darunter starke Kerle, die auch ein wenig älter waren und bereits «Erfahrungen gesammelt» hatten, wenn auch unklar war, um welche Erfahrungen es sich handelte und wie genau man sie machte. Das Übliche eben, das nur für die etwas Jüngeren noch nicht üblich war. Die Generalerklärung lautete, die kommen aus den Flüchtlingslagern und haben schon alles gesehen. Aber wir hatten keineswegs vor, von ihnen zu lernen, wir wollten selber herausfinden, was «alles» war. Auf jeden Fall benutzten sie ohne jede Scham saftige Ausdrücke, die wir nicht in den Mund genommen hätten, und bemerkenswert war, dass die Mädchen sich keineswegs von solchen Derbheiten, die man getrost auch als Schweinereien bezeichnen könnte, abgestoßen fühlten. Jeder probierte halt aus, wie weit er gehen konnte, und wenn man einen Schritt zu weit ging, wurde man als blöder Prolet bezeichnet, war man zu zurückhaltend, wurde man zum Gespött. Bei uns zu Hause waren bestimmte Wörter schlicht und einfach verboten. Sie wurden nicht in den Mund genommen. Selbst heute noch zucke ich zusammen, wenn ich in seriösen oder doch wenigstens halb seriösen Büchern das Wort «ficken» oder «Fotze» lese – wie kürzlich bei Julian Barnes –, und erinnere mich, wie ich meine ein paar Jahre ältere Schwester abends im Bett – wir schliefen in einem Zimmer – gefragt habe, ob man es mit f oder v schreibt, und sogar ihre schnippische Antwort habe ich behalten: «Das ist gehupft wie gesprungen.» Na, dann gute Nacht.

Ich verfolgte zu jener Zeit das Projekt, mich als Fatalist und Existenzialist auszubilden, und ging selbstverständlich davon aus, vom sozialen Leben ferngehalten und von den Mädchen übersehen zu werden. Ich hielt mich immer im Hintergrund, wenn die Reizschwellen getestet wurden, und gab nur gelegentlich einen ironischen Kommentar von mir, etwa in dem Sinne: «Zungenküsse sind stark überschätzt.» Aber dann, wenn die andern ohne messbares Ergebnis ihr Pulver verschossen hatten, konnte ich mit Ennui in der fast versagenden Stimme sagen, es hätte doch alles sowieso keinen Sinn. Ob ich den «Sisyphos» bereits gelesen hatte, weiß ich nicht mehr, aber ich wusste mit Sicherheit, was darin verhandelt wurde, weil mein sieben Jahre älterer Bruder ein Fan dieses Buches war. Es war natürlich bestenfalls immer nur eines der Mädchen, das bei solchen Sätzen hellhörig wurde, aber immerhin, der Satz war nicht umsonst gefallen. Wenn ich dann gelegentlich einen Schritt weiter ging und vom «Geworfensein» faselte, was meinen Freund Rudi zur Weißglut brachte, der auf der Geburt bestand – «Man wird geboren, nicht geworfen» –, war es dann meistens mit dem Interesse der Mädchen vorbei. In jener Zeit hatten in West-Berlin überspannte Typen mit durchtrainiertem Weltschmerz wenig Chancen. Gefragt waren die frechen Witzbolde, die gut aussahen in ihren knappen Dreiecksbadehosen – und wenn außer einem Auto oder zur Not auch einem Motorroller noch ein bisschen Geld im Hintergrund war, ganz gleichgültig, woher es kam, Hauptsache, das Pferd hatte Weide, war die Sache geritzt. Wäre es je zum Ernstfall gekommen, will ich damit sagen, hätte ich keine Chance gehabt.

Man hatte den Eindruck, dass das gesamte jugendliche und jugendlich scheinen wollende westliche Berlin in Dreiecksbadehosen und Bikini am Sonntag auf dem Laufsteg des Strandbads flanierte, nur ich musste mir auf hoher See Fragen nach der Strategie Wallensteins stellen lassen. Mein Vater hatte sogar Zutrauen zu Wasser in fester Form. Einmal im Jahr stand er in der *Bildzeitung*, weil er zum Jahresende hin das Eis auf dem Schlachtensee aufhackte, um sich abzukühlen. Woher der Redakteur der *Bildzeitung* von dieser Aktion erfahren hatte, entzieht sich meiner Kenntnis, und ebenso, was meinen Vater, einen sehr zurückhaltenden, diskreten Menschen, an dieser durch und durch sinnlosen öffentlichen Aktion reizte. Wenn er uns damit beeindrucken wollte, hätte er schon nach dem ersten Mal aufgeben müssen, denn wir Kinder haben in seltener Einmütigkeit das Gesicht verzogen. Es war uns peinlich, unseren Vater in Badehosen in der *Bild* zu sehen und darauf angesprochen zu werden, mal so und mal so, denn es gab natürlich auch Menschen, die es toll fanden, einen solchen Tausendsassa als Vater zu haben. Wenn sie ihn lobten, klang es immer so, als würden sie sagen: «nicht so eine Memme wie du!» Auf jeden Fall war er am nächsten Tag in der *Bild* abgelichtet, wie er aus dem Eisloch steigt: «Der Präsident geht baden», so stand es Jahr für Jahr darunter. Man kann sich vorstellen, was ich in der Schule auszuhalten hatte.

Ältere Herren, die auf jugendlich machten, waren nicht so gerne gesehen. Ich erinnere mich noch mit Grausen daran, wie entsetzlich peinlich es für alle Beteiligten war, wenn man im Strandbad einen älteren Nachbarn oder gar den Mathelehrer in knapper Badehose und sonst nichts antraf, der auf dem begehrten Oberdeck sein Handtuch neben einer Gruppe von Mädchen ausgebreitet hatte, den Kopf auf einem guten Buch gebettet, in das er natürlich nicht einen einzigen Blick geworfen hat. Eine Lehrerin in so exponierter Lage war vollkommen ausgeschlossen, das gab es nicht. Keine Ahnung, wo meine sehr kluge Lateinlehrerin baden ging. Aber außer den unverheirateten Lehrerinnen war alles im Strandbad Wannsee versammelt, was sich sehen lassen wollte oder konnte. Selbstverständlich gingen meine Eltern im Schlachtensee zum Schwimmen.

Der Schlachtensee war natürlich eine Alternative, vor allem kostete es normalerweise nichts, wenn man in ihm badete – nur gelegentlich das Leben. «Hier ertranken in den letzten zehn Jahren 34 Menschen», stand groß auf einem Schild, von unterirdischen Strudeln, eiskalten Quellen und sogar von einem Riesenwels war die Rede, der nichts anderes im Sinn hatte, als die romantische Idylle zu stören. Wir waren nach der Schule in fünf Minuten am Schlachtensee, konnten ihn in zwanzig Minuten kraulend durchqueren und hatten dann immer noch Zeit für ein Schläfchen in der Nachmittagssonne. «Sieht es hier nicht aus wie auf einem Bild von Leistikow¿», rief meine Mutter stets aus, wenn Besuch mit uns schwimmen ging, und immer antwortete mein Vater: «Nein, auf den Bildern von Leistikow sieht es aus wie hier», und meine Mutter antwortete: «Nichts anderes habe ich gesagt.» Aber es gab eben keinen gelben, an afrikanische und arabische Wüsten erinnernden Sand, wie wir ihn aus den Romanen Karl Mays und vom Strandbad Wannsee kannten, sondern den grauen märkischen Sand aus der Sandbüchse, der schon Friedrich dem Großen wie auch dem Schriftsteller Theodor Fontane aufgefallen war, wie mein Vater bei jeder Gelegenheit bemerkte.

Ach, der Sand des Strandbads Wannsee. Wenn man ihn zwischen den Zehen spürte, hatte der Sommer begonnen. Dann wurden die runden Brüstungen, auf denen man sich fläzte, warm, man schaute von der Galerie hinunter auf die unerreichbaren Mädchen, die noch nicht von Mallorca oder Ibiza träumten – die überhaupt nicht träumten, weil sie hellwach im strahlenden Mittelpunkt der Welt angekommen waren: dem Strandbad Wannsee.

Wenn ich morgens zur Schule radelte, fuhr ich ständig an den Schildern vorbei: «You are leaving the American Sector», das waren die ersten englischen Worte, die ich lernte. Besonders aufregend waren die Schilder, wenn sie in der Mitte der Seen oder der Havel standen. Natürlich versuchten wir – nur dann, wenn mein Vater nicht dabei war –, im Paddelboot die Grenze haarscharf zu überqueren, damit das Patrouillenboot der DDR auslaufen und uns zurückdrängen musste: «Bitte verlassen Sie das Gebiet des russischen Sektors!», tönte es dann blechern durch ein Megafon. An den westlichen Ufern saßen mürrische Angler in Unterhemden neben einer Kiste Schultheiss-Bier und warteten auf einen Fisch, in der Regel bissen auch hier nur die ungenießbaren Plötzen an. Warum mussten alle Angler in Berlin ein solches

Gesicht machen? Es musste eine Schule für Angler geben, die diese Physiognomie zwingend vorschrieb. Normalerweise heißt es im Berufsbild des Anglers doch, diese Tätigkeit führe zu Seelenfrieden und Nervenstärke, zu Ausgeglichenheit und meditativer Gelöstheit, in Berlin war aber alles anders. Einmal habe ich von meinem Boot aus einem besonders böse aussehenden Mann mit schlaffer Angel zugerufen: «Nur Geduld, in zehn Minuten kommt ein Aal vorbei, ich habe ihn vorhin bei der Brücke überholt!» Der Angler fand das gar nicht komisch. Er griff neben sich, hob ein Luftgewehr aus dem Gras und schoss mir wortlos vorne ein Loch in mein Klepper-Boot, das ich schleunigst nach Hause paddeln musste, weil es voll Wasser lief. Der sogenannte Berliner Humor, der in den zwanziger Jahren bis zur Machtergreifung angeblich in Berlin verbreitet war, wenn man Polgar, Benjamin, Hessel oder Robert Walser glauben wollte, war in der Nachkriegszeit nicht mehr beobachtet worden. Darüber wurde in unserer Familie oft gesprochen, besonders in den Zeiten, da die Zeugnisse verteilt wurden.

Vom Bootshaus fuhr ich mit dem Fahrrad in fünf Minuten zum S-Bahnhof Wannsee, von wo man in einer Viertelstunde am Strandbad war. Die breite Straße, die zum Strandbad führte und von Birken beschattet wurde! Ein Boulevard, den immer eine Aura von Sonnenöl überwölbte, dagegen konnten die Côte d'Azur, die Boulevards von Cannes oder Nizza nicht antreten! Oder ich radelte durch eine Unterführung unter der S-Bahn hindurch und an der Dreilindenschule vorbei zum Nikolassee und von dort über die Rehwiese nach Hause, immer über Kopfsteinpflaster. Als ich schon in der sogenannten Oberstufe war, machte ich gerne einen Halt bei Erhard Klepper. Er wohnte mit seiner Schwester und ihrem Mann, von dem es hieß, er sei ein baltischer Baron – beruflich betrieb er die Esso-Tankstelle an der Spanischen Allee –, in dem Haus, in dem sich sein Bruder, der Schriftsteller Jochen Klepper, zusammen mit seiner jüdischen Frau und der gemeinsamen Tochter das Leben genommen hatte. Erhard war Kettenraucher, hatte den gesamten Balzac und alles von Stendhal und Zola bis Flaubert gelesen, mochte die deutschen Schriftsteller (Goethe inklusive) überhaupt nicht, auch nicht die Bücher seines Bruders, die mein Vater liebte – meine Mutter schätzte seine Kirchenlieder –, war Atheist und Ästhet und Professor an einer Kunsthochschule. Er konnte keinen Satz zu Ende bringen, weil ihn gewissermaßen nach jedem Komma ein entsetzlicher Hustenanfall überkam, den er aus Erstickungsgründen nur mit offenem Mund überstehen konnte. Die Zigarette ging aus und musste mit zittrigen Fingern wieder zum Glühen gebracht werden, der Schweiß stand ihm auf der Stirn, aber sobald er mit dem feinen Pinsel in den winzigen Farbtöpfen fündig geworden war, entspannte sich die Lage wieder, und seine zarten Zeichnungen und Kostümentwürfe zum 18. Jahrhundert konnten wie durch Zauberei entstehen. Kein Mensch konnte diesen amourösen Capriccios ansehen, unter welchen Hustenanfällen sie entstanden waren. Kleist, nebenbei gesagt, fand er überschätzt, dessen Selbstmord töricht, und dass er auch für den Tod von Henriette verantwortlich war, fand er schlicht und einfach kriminell. «Wir sind», konnte er zwischen zwei Krachern trocken hervorwürgen, «ein unzivilisiertes Volk. Wir kommen aus dem Wald und haben bestenfalls den Waldrand erreicht, von wo aus die großen Städte und ihre Kultur zu sehen sind. Hitler war ein Waldmensch, der die Zivilisation nicht einmal gerochen hat, ein Kartoffelesser.» Wieland: langweilig – «Es gibt keinen Menschen, der den *Agathon* ausgelesen hat». Mörike: die Gedichte ja, der Roman *Maler Nolten* ein harmloser Schmarrn; so ging es durch die Literatur und Geistesgeschichte: «Für eine Seite von Denis Diderot gebe ich fast den ganzen Hegel her; wenn man mich allerdings zwänge, Helvetius zu lesen, würde mich das wieder dem Hegel in die Arme treiben.» Nur Gottfried Keller kam mit dem *Grünen Heinrich* völlig ungeschoren davon, vielleicht weil der auch ein Maler war?

Ein paar Häuser von Erhard Klepper entfernt wohnte – als Untermieter bei dem (baltischen) Kunsthistoriker Claus Zoege von Manteuffel – mein Freund Christian Diener, mit dem ich vorzugsweise Sächsisch sprach. Er kam aus Leipzig, wo er bei der Fotografin Evelyn Richter gelernt hatte, jetzt studierte er bei Helmut Lortz an der HfBK Gebrauchsgrafik. Christian war Republikflüchtling und folglich bekennender Antikommunist. Manchmal fuhren wir am Nachmittag ins Strandbad Wannsee, wo er Mädchen fotografierte. Da er mehrere Kameras und Stative dabeihatte, sah er auch wie ein Profi aus, dem tatsächlich alle Mädchen zuliefen, um sich ablichten zu lassen. Ich war sein etwas gelangweilter Assistent, der gelegentlich den Modellen zurufen musste, sie sollten sich etwas lässiger hinstellen und nicht denken, sie seien Gina Lollobrigida, nur weil sie fotografiert würden. Damals bedeutete es noch etwas, fotografiert zu werden. Der Fotograf war der Künstler, und Christian sah auch noch wie ein Künstler aus: Er hatte wie die Beatles einen Pilzkopf und trug auch im Strandbad Wannsee schwarze Klamotten. Glanzstück seiner Ausstattung war ein Jackett mit schwarzem Samtkragen, das sich besonders in einem Strandbad extrem künstlerisch ausnahm. Ich sah neben ihm tatsächlich wie der Assistent aus, aber es wurde zu meinen Gunsten angenommen, dass der Weg vor die Linse nur über mich ging. Um uns die Mädchen während der Arbeit vom Leibe zu halten, mussten wir nur sehr laut Sächsisch miteinander sprechen, schon waren wir unter uns. Seltsam, dass das unschuldige Sächsisch, selbst unter Jungen und Mädchen in Badekleidung gesprochen, eine so verheerende Wirkung zeigte. Ich musste mich wirklich oft zusammenreißen, um nicht in den sächsischen Tonfall zu verfallen und nicht als einer von drüben identifiziert zu werden. Alles, was von drüben kam, war kontaminiert. Mit meiner Mutter sprach ich bis zu ihrem Tod diese reizende Mundart, was mein Vater nicht besonders gern hörte. Ich erinnere mich, dass mein Vater, wenn wir auf Sonntagsspaziergängen an den Seen entlang dem Gräzisten Uvo Hölscher oder dem Theologen Helmut Gollwitzer begegneten, die beide bei uns in der Nähe in Nikolassee wohnten, plötzlich Griechisch oder Lateinisch sprach, wie er auch zu Hause, wenn sein Bonner Studienfreund Hans-Rudolf Schwyzer zu Gast war, der Herausgeber der Werke Plotins, mit ihm Griechisch redete.

Wenn ich von einem aufregenden Nachmittag im Strandbad Wannsee nach Hause fuhr und es geschafft hatte, mein Fahrrad über die Treppen des S-Bahnhofs Nikolassee zu tragen, in dem es damals weder eine Rolltreppe noch einen Fahrstuhl gab, machte ich noch einen Abstecher in die Gamba-Stuben am Bahnhof, die in einer umgebauten Garage untergebracht waren und einen wirklich hart erarbeiteten, dafür aber dauerhaft schlechten Ruf hatten. Man muss immer bedenken, dass Nikolassee, Schlachtensee und auch Wannsee bis nach Zehlendorf sogenannte kleinbürgerliche Wohngegenden waren, erst in Dahlem und im Grunewald wurde es etwas vornehmer. Die Gamba-Stuben waren die leuchtende Ausnahme. Hier traf sich alles, was zur Bohème zählte: ein paar Grafiker mit ihren wechselnden Frauen, ein gut verdienender Tapetenmaler, einige Schauspieler, die ihr Geld bei der Synchron-Anstalt Wenzel Lüdecke verdienten, aber von einer Rolle am Schiller-Theater träumten, und ein paar verkrachte Künstler, die nur ungern Auskunft über ihre dunklen Tätigkeiten gaben, sich dafür aber umso giftiger über die Frage «Gegenständlich oder ungegenständlich?» in die Haare kriegten. «Mal du doch dein Reh!», rief der beleidigte Taschist in Anspielung an Renée Sintenis dem Realisten zu, während der gegenständliche Maler seinem Kollegen empfahl, seine Leinwände einfach in den Garten zu legen und draufzupissen. Da beide kein Geld verdienten und nur hoffen konnten, von einer Senatskommission zur Förderung der kreativen Künste entdeckt zu werden, die Bilder aufkaufte und damit die Wände der städtischen Institutionen bestückte, musste am Ende immer der die Rechnung bezahlen, der zufällig ein paar Mark in der Tasche hatte. Angeschrieben wurde nicht. Es kam vor, dass sich einer der soliden Trinker ein paar Mark borgte, um ein Taxi nach Hause zu nehmen, aber Geld für Alkohol gab es nicht. Welche pädagogischen Absichten der fast immer stumme Wirt damit verband, gehörte zu den großen Rätseln dieser wenig einladenden Gaststätte. Manchmal hatte sich ein Fremder in die Gamba-Stuben verirrt, der dann vor den tränenden Augen des Wirts kräftig ausgenommen wurde, um nach der Rückkehr erzählen zu können, er sei ins Zentrum der Auseinandersetzung um die Richtung der modernen Kunst geraten, ganz toll, einmalige Atmosphäre, unerhört aggressive Diskussion, aber nie wirklich verletzend. Gelegentlich schaute auch ein Professor von der HfBK vorbei, der sich aus guten Gründen nicht nach Hause traute, oder einer der jungen Architekten des neuen Berlin, die sich nach den ersten Aufträgen bereits einen Sportwagen mit offenem Verdeck leisten konnten. Und natürlich gab es immer einige naseweise Jüngelchen, die sich wie ich für Kunst interessierten. Der Wirt, ein massiger Mann mit schweren Augenlidern über pechschwarzen Augen und Wasser in den Beinen, saß festgeschraubt auf einem Hocker hinter der Bar und zapfte, die Roth-Händle im Mundwinkel, vier oder fünf Biersorten, an drei oder vier Tischen saß die sogenannte Bohème, oder sie stand draußen auf dem Vorplatz herum, wenn man sich wegen der Rauchentwicklung nicht mehr sehen konnte. War ein Fass leer, mussten die Gäste wegen der Unbeweglichkeit des Wirts ein neues aus dem Lager holen und erhielten dafür die ersten Gläser gratis. Nichts passierte, manchmal gab es eine Schlägerei, die Gäste mussten dann die Scherben selber zusammenfegen, weil der Wirt keinerlei Anstalten machte, sich zu erheben. «Dieses Lokal werde ich nie im Leben mehr betreten!», schrie dann einer der Suffköppe, der natürlich am nächsten Tag wieder brav an der Theke hing, um einerseits den Kater zu besänftigen und andererseits den anderen ein Formproblem vorzulegen, an dem er sich gerade abarbeitete. Es ging nie um etwas Geringeres als um eine vollständige Neubewertung der Kunst. Der Wirt sagte nichts. Er rauchte wie blödsinnig vor sich hin, und manchmal sah es so aus, als würde er auch aus den Augen und den Ohren rauchen. Ein kompletter Rauchkopf. Einer erzählte mal, der Wirt hätte im Krieg ein schweres Schicksal erdulden müssen, aber was das war, wusste keiner. Zum Abitur schenkte er mir eine Flasche Champagner – die erste meines Lebens – und sagte: «Du schaffst das schon.»

Jeden Tag kamen Flüchtlinge in rauen Massen hinzu. In der Nähe war ja das Lager Düppel, und immer wenn etwas passierte, waren es höchstwahrscheinlich Leute aus Düppel – auch wenn es unter denen natürlich auch anständige Menschen gab, wie immer wieder zu hören war. Was ist denn bitte ein anständiger Mensch?, diese Frage wurde oft bei uns am Sonntag während des Essens diskutiert, und mein Vater begann seine «ganz persönlichen Ansichten» immer mit: «Unter juristischen, gesetzlichen Aspekten ...», während mein Bruder Wolfgang ganz unbefangen, wie es seine Art war, äußerte, es gäbe gar keine anständigen Menschen mehr, die letzten seien von den Nazis umgebracht worden. «Willst du damit sagen», wollte meine Mutter aufbrausen, und mein Vater sagte: «Luise, bitte!» Meine Mutter, die nach meiner Auffassung weiß Gott zu den anständigen Menschen gehörte, war dann so erregt, dass sie meinen Vater um einen Zug aus einer Zigarette bat. Reval, ohne Filter. Das Gesicht, das mein Vater machte, wenn er die Zigarette mit dem roten Lippenstiftrand zurücknehmen musste, kann ich nicht beschreiben. Das ganze Elend der Welt war darin wie mit Sticheln eingekerbt.

«Der Wirt ist ein Levantiner», behauptete mein Vater, was nichts Gutes ahnen ließ, obwohl wir nicht genau wussten, wo der Levantiner zu Hause war und was ihn auszeichnete. An einem der drei Tische im winzigen Nebenraum der Gamba-Stuben saß der spindeldürre Dichter und Übersetzer Gerd Henniger den ganzen Abend über einem Glas Bier und übersetzte Michaux, Ponge oder René Char und erledigte seine Korrespondenz. Er gab in dem sehr feinen Verlag Karl H. Henssel die Zeitschrift *Das Lot* heraus, in der ich zum ersten Mal Texte von Blanchot, Bachelard, Artaud, dem dunklen Klossowski oder Bataille las (von dem Herbert Marcuse später behauptete, es sei kein Wunder, dass einer, der sein ganzes Leben Bibliothekar in der französischen Provinz war, zum Erotomanen werden würde). Gerd Henniger wusste alles über den Surrealismus und seine Schulen und Dissidenten und konnte den gesamten Text von Eluards *Hauptstadt der Schmerzen* in beiden Sprachen auswendig. In Berlin gab es zu jener Zeit eine Menge interessanter Zeitschriften, vom *Monat* bis zu den *Neuen Deutschen Heften* und der *Neuen Rundschau*, aber damals, als ich noch auf der Schule war, kam mir das *Lot* als die geheimnisvollste von allen vor: In diesen dünnen Broschüren erklang eine Musik, die man sonst nirgendwo hörte, schon gar nicht in Nikolassee. Diese Musik hatte nichts zu tun mit der modernen Musik, wie sie in Berlin gepflegt wurde, mit Boris Blacher und Heimo Erbse an der Spitze, aber auch nichts mit dem, was an Literatur in meinem Freundeskreis in der Schule diskutiert wurde. Der feine, leise auftretende Herr Henssel, der mit einer Frau von Moltke verheiratet war und in Wannsee wohnte und seinen Verlag betrieb, verdiente sein Geld mit den *Gesammelten Werken* von Joachim Ringelnatz und den Afrika-Büchern von Laurens van der Post, alle anderen Projekte mussten damit finanziert werden.

Mit der Zeit lernte ich durch Gerd Henniger auch einige der Gründer des *Lot* kennen, unter anderem den unvergesslichen

Edouard Roditi. Er sprach zehn Sprachen fehlerlos, darunter Türkisch, weil sein jüdischer Vater in Istanbul gelebt hatte, schrieb und übersetzte Poesie und kannte alle bildenden Künstler der Gegenwart, mit denen er lange Gespräche geführt und in mehreren Bänden veröffentlicht hatte. Außerdem war er ein Homosexueller, der sehr mutig einige Studien zu diesem Thema veröffentlicht hatte, die damals in ganz Europa und in Amerika heftig diskutiert wurden. Von Roditi hörte ich zum ersten Mal die Namen der Dichter Saint-John Perse oder Konstantinos Kavafis. Eine unglaubliche Type war dieser Mann, der haarsträubende Geschichten vom Nürnberger Kriegsverbrechertribunal erzählen konnte, an dem er als Übersetzer teilgenommen hatte. Wir hatten mit unserer Schulbildung ja keine Ahnung, welche Verbrechen dort verhandelt worden waren.

Auch die anderen Mitgründer vom *Lot* lernte ich kennen: den belgischamerikanischen Dichter Alain Bosquet, der russischer Abstammung war, in Paris lebte und dessen Texte von meinem damaligen Lieblingsschriftsteller Samuel Beckett ins Englische übersetzt wurden, und schließlich Alexander Koval, einen surrealistisch angehauchten deutschen Dichter, von dem ich die ersten Übersetzungen von Wallace Stevens gelesen habe, und den wirklichen Surrealisten Lothar Klünner, der alle Blasons auf den weiblichen Körper hersagen konnte. Wie lächerlich klein kam ich mir in meiner Welt vor, die von der Von-Luck-Straße über die Rehwiese bis zur Dreilindenschule und zum Strandbad Wannsee reichte und ohne große Höhepunkte auskommen musste. Wir mussten uns irgendwie mit Schillers Balladen herumschlagen und lateinische Grammatik büffeln, bis sie uns aus den Ohren herauskam. Ich empfand es als eine Demütigung, keine Sprachen sprechen zu können, verspürte aber auch keine Lust und kein Bedürfnis, in Abendkursen mir selbst welche beizubringen. Es gab zu viel zu lesen und zu viel zu verstehen, und gar nicht reden will ich von dem, was misszuverstehen war. Manchmal schien es mir, als wollte ich mich selbst bestrafen. Ich las Bücher, von denen ich nicht viel verstand, so zum Beispiel die *Nikomachische Ethik* des Aristoteles, ich liebte Günter Eich und Tennessee Williams und wusste nicht so recht, was aus mir werden sollte. Natürlich wollte ich Dichter werden! Eigentlich war die einzige erstrebenswerte Existenz, die ich mir vorstellen konnte, ein Dichter zu sein. Aber wie wird man ein Dichter? Ich las alle Gedichtbücher, die ich kriegen konnte, und schrieb Schulhefte, die für biologische oder physikalische Fragen reserviert waren, mit meinen unsterblichen Gedichten voll. Manche von ihnen schickte ich meiner Freundin Regina, damit nach meinem frühen Tod einige dieser Verse die Nachwelt erreichen konnten. Sie las sie und übergab sie ihrer schönen Mutter, und als ich eines Abends Regina besuchen wollte, öffnete die Mutter die Tür und bat mich, ihr die Gedichte vorzulesen und darüber mit ihr zu sprechen. Wollte sie sich über mich lustig machen? Als Regina endlich von ihrem Tanzvergnügen nach Hause kam und mich erlöste, saß die Mutter wie aufgelöst auf dem Sofa: Ganz offensichtlich war sie zum ersten Mal in ihrem Leben von der Macht der Poesie berührt worden. Und als Regina eines Tages mit meinem Vater um den Schlachtensee ging, wurde sie von ihm gefragt: «Und was soll aus dem Jungen mal werden?» Und ihre Antwort war unverblümt: «Ich glaube, er wird ein Dichter.» Schließlich musste ich mir von meinem lieben Vater die Frage gefallen lassen, ob ich noch alle Tassen im Schrank hätte. Ich glaube, er fürchtete, dass ich trotz meiner miserablen Zensuren tatsächlich Philosophie studieren wollte, und war dann doch sehr enttäuscht, als ich ihm am Abend nach dem glücklich bestandenen Abitur und einer ausschweifenden Feier in den Gamba-Stuben mitteilte, einen großen Bogen um die Universität machen zu wollen. Gott sei Dank war noch genügend Zeit, ihm meine Gründe auseinanderzusetzen.

Ich lud Gerd Henniger gerne zu einem zweiten Bier ein, weil er mir dann ausführlicher von den Autoren erzählen konnte, die damals für mich wichtig waren: Neben den Franzosen waren es vor allem Emily Dickinson, Hart Crane, Sadiq Hidayat oder Paul Celan, den Henniger von gemeinsamen Übersetzungsarbeiten kannte. Es war ein Wissen, das ich mit keinem sonst teilen konnte, schon gar nicht mit der Clique vom Strandbad Wannsee. Woher ich das Geld hatte, um Gerd Henniger auf ein Bier einzuladen? Ich trug Zeitschriften aus. Einen Nachmittag in der Woche fuhr ich mit dem Fahrrad meine Grand Tour durch Schlachtensee und Zehlendorf, um all den alten Kriegerwitwen in den unzähligen Altersheimen der Gegend, untergebracht in den einstmals stolzen, jetzt bröckligen Villen, die Illustrierten zu bringen: die *Quick* und die *Neue Revue,* die *Hörzu* oder *Kristall,* aber auch die *Neue Frau* und das *Goldene Blatt* und ähnliche in meinen Augen minderwertige Druckerzeugnisse, die von den alten Damen besonders geliebt wurden. Sie waren zum allergrößten Teil noch in der Kaiserzeit geboren worden und wollten auch nach der Revolution und der Republik und vor allem nach den egalitären Jahren des Faschismus die tolldreisten Geschichten des Adels und die Kabalen und Liebschaften an den Höfen nicht missen. Frau von Bonin erhielt das *Goldene Blatt,* Frau von Walsleben die *Quick* und Frau von Doberschütz die *Hörzu.* Gerissene Abodrücker – ein Beruf, der damals in Verruf stand und in seinen schlimmen Auswüchsen geächtet wurde – hatten den Alten das Zeug aufgeschwatzt, und da sie nicht wussten, wie man auch nur ein einziges Abo von den zehn, die man unterschrieben hatte, wieder kündigen konnte, war mein Rat begehrt.

Es waren unglaubliche Lebensgeschichten, die ich zu hören kriegte. Manche der Damen waren schon verwirrt und hielten mich für ihren Sohn; andere baten mich, nach ihren Kindern zu suchen. Eine wunderbare alte Dame mit einem berühmten Namen hatte ihre mageren Ersparnisse und ihren kümmerlichen Schmuck in einem Taschentuch unter der Achsel versteckt, da sie Angst hatte, dass die anderen Mitbewohner sie bestehlen würden. Sie faltete es vor meinen Augen auseinander und gab mir zu den fünfzig Pfennigen noch fünf Pfennig Trinkgeld, danach verstaute sie es wieder unter der Achsel. Ich war trotz meiner nicht vorhandenen Lebenserfahrung ein wichtiger Ratgeber geworden. Für diese vertrauensvolle Tätigkeit wurde von manchen edlen Damen mit besserer Rente der Betrag immer auf die Mark erhöht, und manchmal, wenn ich auch noch die Marken der Nürnberger Versicherung verteilen durfte, sprangen sogar fünfzig Pfennige raus. Ich ging also, statt Latein zu lernen, einem Kleingewerbe nach, lernte das zum größten Teil erbärmliche Leben der alten Frauen kennen, von denen einige mich mit ihrer Zuneigung überschütteten: Wenn ich das *Neue Blatt* brachte, stand schon eine Tasse Kaffee auf dem Tisch, dazu ein Stück Bienenstich (nach der neuen Art, mit Sahne), und dann wurde zum hundertsten Mal erzählt, was ihnen «der Russe» genommen hatte. Hitler stand immer mit im Zimmer, irgendwo hinter der Gardine, man konnte ihn spüren, aber er trat nicht vor, er wurde nicht genannt. Nur der Engländer, der das Haus zerbombt, und der Russe, der ihnen den Rest genommen hatte. Dass in den Villen, in denen die Altersheime untergebracht waren und in denen heute die neue betuchte Oberschicht Berlins lebt, einstmals Berliner Juden gelebt hatten, kam auf meiner Zeitschriftentour nicht vor. Ich konnte nicht einmal sagen, ob es Antisemiten waren, mit denen ich meinen Nachmittag verbrachte. Mein älterer Bruder empfahl mir, sie ganz direkt auf die Nase zu fragen, was sie von Juden hielten, aber das ging mir zu weit. Über Juden wurde damals nicht gesprochen. Nur einmal, als eine Tante von mir aus Zeitz zu Besuch war und von meiner Mutter mit einer Tasse Bohnenkaffee von Tchibo beglückt wurde, sagte die Tante: «Tchibo? Sach mal, Luise, iss das nich een jüdischer Gaffee?» Und mein Bruder Peter, sieben Jahre älter als ich und geschichtlich schon geschult, fragte trocken zurück: «Schmeckt man das nicht?» Von einer Wannsee-Konferenz war nie die Rede.

Es ist fast siebzig Jahre her, dass ich zum ersten Mal das Strandbad Wannsee betreten habe. Aber ich sehe, wenn ich daran denke, sofort die gelben Klinkersteine vor mir, ich spüre den Sand am ganzen Körper, der sich tagelang nicht aus den Kleidern schütteln lassen wollte und aus den Haaren rieselte, wenn man in der Schule über unlösbaren geometrischen Problemen verzweifelte. Ich habe den überwältigenden Geruch nach billigem Hautöl in der Nase, der wie eine solide Aura über der ganzen Anlage lastete. Ich habe das Lied «Pack die Badehose ein» im Ohr, gesungen von Cornelia Froboess, mein Jahrgang, die auch auf dem Land groß geworden ist, weil in Berlin ein Bombenangriff drohte, und wahrscheinlich in der Gruppe stand, die mit mir zum ersten Mal den weißen Sand des Strandbads Wannsee berührt hat, der mit keinem Sand der Welt zu vergleichen ist. Ich werde sie fragen.

Eine Langfassung dieses für die Zeitschrift für Ideengeschichte geschriebenen Essays mit noch mehr Szenen von der Goldküste am Wannsee ist 2022 in einer limitierten und nummerierten Auflage in der exklusiven *Edition 5Plus* erschienen.

Bildnachweis:
Abb. 1: ©Michael Krüger

Anke Klare / Jens Bisky / Jan Bürger

Kleist. Tod am Wannsee

Zeichnung, Gedicht, Foto – Drei Annäherungen

Der gezeichnete Krug

Die auf Seite 85 abgebildete Bauzeichnung für ein Wohn- und Geschäftshaus gehört zu einem Kostenvoranschlag aus dem Jahr 1791 für einen neu zu errichtenden Gasthof des Wirtes Johann Friedrich Stimming am Berliner Wannsee.[1]

Literarische Bedeutung als Ort erreichte «Stimmings Krug» zwei Jahrzehnte später durch die Quartiersgäste Heinrich von Kleist und seine Gefährtin Henriette Vogel einen Tag und eine Nacht vor ihrem Freitod am 21. November 1811. Am 20. November kehrten beide, mit einer Mietkutsche von Berlin kommend, im Gasthof an der Chaussee zwischen Berlin und Potsdam ein. Sie mieteten dort zwei Zimmer im oberen Stockwerk, die mit einer Tür miteinander verbunden waren. Nach Aussagen des Wirts blieben beide die ganze Nacht wach.[2] Sie bestellten Lichter sowie Schreibzeug und verfassten mehrere Abschiedsbriefe. Am Nachmittag des nächsten Tages erschoss Kleist erst Henriette Vogel und danach sich selbst am gegenüberliegenden Ufer des Kleinen Wannsees, damals «Stolper Loch» genannt.

Die Kleist-Forschung nutzt die Zeichnung seit jeher traditionell, um die Räumlichkeiten szenisch zu rekonstruieren, in denen sich Kleist und seine Gefährtin in den letzten Stunden vor ihrem Tod aufgehalten haben sollen.[3] Dieser Entwurf wurde so jedoch nie fertiggestellt und stammt, wie wir aus den Akten der preußischen Bürokratie erfahren werden, aus einem anderen

1 Geheimes Staatsarchiv Preußischer Kulturbesitz (GStA PK), I. HA Rep. 96, Nr. 216 D, Bl. 24.

2 Aussage Stimmings u. a. nach den Vernehmungsprotokollen vom 22.11./2.12.1811, in: Helmut Sembdner (Hrsg.): Heinrich von Kleists Lebensspuren. Dokumente und Berichte der Zeitgenossen. Bd. 1, Frankfurt/M. u. a. 1992, S. 426–427, Nr. 532.

3 Siehe etwa: Eberhard Siebert (Hrsg.): Heinrich von Kleist. Leben und Werk im Bild, Frankfurt/M. 1980, S. 210.

zeitlichen Kontext. Aber auch wenn diese Zeichnung von «Stimmings Krug» so nie umgesetzt wurde, erzählt die Zeichnung selbst eine interessante Geschichte. Sie führt uns in die kameralistische Welt um 1800, in die Sattelzeit der preußischen Reformen.

Unter dem Namen «Stimmings Krug» lag das Gasthaus ursprünglich mitten im nahen Dorf Stolpe. Seit 1782 war der Dorfkrug im Besitz der alteingesessenen Stolper Familie Stimming.[4] Viele Jahre war er Knotenpunkt des Fuhrverkehrs zwischen Berlin und Potsdam. Mit dem beabsichtigten Bau einer gepflasterten Chaussee zwischen den beiden Residenzstädten drohte der Ort die alte, strategisch günstige Lage einzubüßen. Die neue «Steinbahn» sollte den sandigen Königsweg durch den Forst von Zehlendorf bis Kohlhasenbrück und die beschwerliche alte Postroute über Stolpe ersetzen. König Friedrich Wilhelm II. ließ ab 1788 vom Leipziger Platz in Berlin über Schöneberg und Steglitz nach Zehlendorf die erste befestigte und gebührenpflichtige sogenannte Kunststraße in der Kurmark errichten. Die Fertigstellung des letzten Abschnitts ab Zehlendorf über die Glienicker Brücke bis nach Potsdam erfolgte in den Jahren 1794/95. Für die geradlinige und damit kürzere Strecke musste zwischen Kleinem und Großem Wannsee eine Brücke errichtet werden, die Friedrich-Wilhelm-Brücke, eine Vorgängerin der heutigen Wannseebrücke.

Gastwirt Stimming fürchtete um seine Existenz durch das Ausbleiben von Gästen, da der «Stolper Krug» in Zukunft abseits der neuen Hauptroute liegen würde. Am 7. November 1791 reichte er ein Gesuch um Entschädigung wegen des drohenden Verlustes seiner Nahrungsgrundlage beim preußischen König ein, mit der Bitte, sein Gasthaus an die neue Chaussee nahe der Brücke verlegen zu dürfen. Das Bittschreiben war das erste von zahlreichen weiteren in diesem langwierigen Entschädigungsfall, der erst im Jahr 1797 seinen Abschluss fand. Ein Gesetz, welches Entschädigungsleistungen im Zusammenhang mit dem Chausseebau durch den Staat regelte, erschien erst am 18. April 1792.[5] Das Edikt regulierte jedoch nur die Abfindungen, die durch die Abtretung von Grund und Boden für die neue Streckenführung notwendig waren. Stimmings Anliegen wurde

4 Vgl. Christoph Voigt: Altes und Neues von Stimmings Krug, in: Mitteilungen des Vereins für die Geschichte Berlins, Jg. 49 (1932), Heft 2, S. 50.

5 «Edict über die Verbindlichkeiten der Unterthanen in der Churmark, in Ansehung des Chausseebaues, wie sie deshalb zu entschädigen sind und was sonst dabey beobachtet werden soll», Berlin, 18.4.1792 (Druck), in: GStA PK, II. HA, Abt. 14 Tit. 207 Nr. 8, Bd. 3, Bl. 57–63.

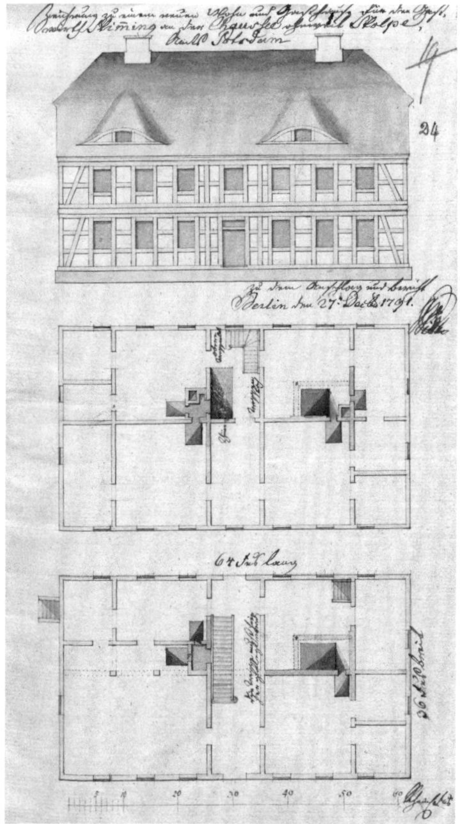

Abb. 1
«Zeichnung zu einem neuen Wohn und Gasthause für den Gastwirth Stimming an der Chaussee ohnweit Stolpe, Amts Potsdam». Handschriftlicher Zusatz zu der Bauzeichnung vom 27. Dezember 1791, der von der preußischen Bürokratie nicht bewilligt und so nie gebaut wurde.

in der Sache zwar als begründet angesehen, von Anbeginn aber darauf verwiesen, dass kein Rechtsanspruch bestünde, sondern eine Entscheidung zu seinen Gunsten allein von der Milde und Gnade des Königs abhänge. Der ausgesuchte Platz wurde ihm dennoch zugewiesen. Auf Kosten des Königs sollten die Ställe abgebrochen, an neuer Stelle wiederaufgebaut und ein völlig neues Gast- und Wohnhaus errichtet werden. Größe und Einrichtung würde dem alten Haus entsprechen, nur der «entbehrliche Putz» und das «unnütze Mansardendach» wären unnötig.[6]

Der Bauanschlag vom 27. Dezember 1791 sah demnach ein Fachwerkhaus mit zwei Etagen (Länge 64 Fuß, Breite 36 Fuß), zwei Ställe mit Ziegeldach, einen Brunnen, einen Backofen sowie ein Gehege mit Garten vor. Die Kurmärkische Kriegs- und Domänenkammer hielt die Kosten jedoch für viel zu hoch und schlug vor, den Bauplan auf ein einstöckiges Haus ohne Gelass und bloß einen, aber größeren Stall, dafür nur mit Strohdach, zu reduzieren. Sie übersandte dem König zwei Anschläge nebst

6 Vgl. Schreiben vom 27.12.1791, in: Brandenburgisches Landeshauptarchiv (BLHA), Rep. 2 D, Nr. 15593, Bl. 21–22.

Bauzeichnungen: einen teureren für ein großes Haus entsprechend den Wünschen Stimmings mit Kosten von 4144 Reichstalern, 7 Groschen und 10 Pfennig sowie einen «sparsameren» für ein kleineres Haus, dessen Summe sich auf nur 3032 Reichstaler, 9 Groschen und 5 Pfennig belief.[7] Friedrich Wilhelm II. bewilligte das kleinere Haus, befahl die Einstellung der Summe in den Etat des Meliorationsplans der Kurmark, allerdings erst für das Jahr 1793, da die Chaussee nicht eher fertig werden würde.[8] Gegen diese Entscheidung erhob Stimming wiederholt Einspruch, da er sich schon dem wirtschaftlichen Ruin nahe sah, wurde jedoch immer wieder abgewiesen. Tatsächlich fehlten dem Staat die nötigen finanziellen Mittel und Baustoffe für den Straßenbau, und auch die Chausseegeldeinnahmen reichten für eine Refinanzierung nicht aus.[9] Die Chausseebauintendantur unter Hans Moritz Graf von Brühl verfügte zudem über keinen eigenen festen Etat, sondern bezog die Gelder auf Antrag aus dem Dispositionsfonds der Hofstaatskasse.[10] Und so standen im Meliorationsfond 1793/94 und auch 1795/96 keine Gelder für Stimming zur Verfügung, und es wurde ihm nahegelegt, einen Kredit aufzunehmen. Mit der staatlichen Zusicherung, für diesen Vorschuss aufzukommen, wenngleich ein genaues Datum nicht garantiert werden konnte, erhielt er den genehmigten Anschlag mit der Bauzeichnung für den Baubeginn ausgehändigt.[11] Die nicht zur Ausführung gekommene Zeichnung verblieb mit dem Anschlag in der Akte.[12]

Zwar erhielt Stimming auf ein Gesuch 1794 einen Freipass für den Transport der Baumaterialien und einen vergünstigten Assignationspreis für die Beschaffung der Rüdersdorfer Kalksteine, seine Verschuldung konnte das jedoch nicht mehr verhindern. Das Haus war indessen Ende 1794 im Rohbau fertiggestellt. Anfang 1796 erhielt er einen Abschlag von 2000 Reichstalern aus der Hofstaatsbaukasse, der restliche Betrag wurde ihm nach einer Revision des Neubaus in Aussicht gestellt. Diese ergab, dass der Bau zwar nicht anschlaggemäß, aber zweckmäßig ausgeführt war, die veranschlagte Summe jedoch beträchtlich überstiegen wurde. Das Haus war offensichtlich doch zweistöckig und in massiver Bauweise ausgeführt worden. Zur «baldigen Befriedigung» ist ihm schließlich 1796 die ausstehende Summe von

7 Vgl. Schreiben vom 31.3.1792, in: GStA PK, I. HA Rep. 96, Nr. 216 D, Bl. 20.

8 Vgl. Kabinettsorder vom 7.4.1792, in: BLHA, Rep. 2 D, Nr. 15593, Bl. 82.

9 Vgl. Berthold Schulze: Die Anfänge des norddeutschen Kunststraßenbaus, in: Blätter für deutsche Landesgeschichte N. F., 84. Jg., Heft 3, 1938, S. 220–226, hier S. 222.

10 Vgl. ders.: Das Preußische General-Chausseebau-Departement, in: Forschungen zur Brandenburgischen und Preußischen Geschichte, Bd. 47, 1935, S. 154–161, hier S. 158.

11 Vgl. Schreiben vom 14.5.1793, in: BLHA, Rep. 2 D, Nr. 15593, Bl. 116.

12 Vgl. Anmerkung 1.

1032 Reichstalern, 9 Groschen und 5 Pfennig aus der Dispositionskasse bewilligt worden. Sein abermaliges Gesuch, ihm auch noch die unverschuldet entstandenen Zinsen zu erstatten, wurde mit dem Verweis auf die empfangene königliche «Wohltat» als «unbescheiden» abgewiesen. Dem Landesherrn stünde das Recht zu, an den öffentlichen Landstraßen nach Belieben Veränderungen vorzunehmen, ohne darauf Rücksicht nehmen zu müssen, dass dadurch benachbarten Grundbesitzern ein zufälliger Schaden zugefügt werde.[13] Stimmings neuer «Krug» lässt sich als ein Stück in mehreren Akten aus der Frühphase der preußischen Verwaltungsbürokratie mit durchaus komödiantischen Zügen lesen. Die Verwaltung übte sich in dem neuen sachlichen Verfahren; aber in den Grauzonen des Rechts galt weiterhin das Wohlwollen des Landesherrn als das letzte Wort. «Stimmings Krug» erzählt über die «allmähliche Verfertigung» des Bauens beim Bittstellen. Auch das verbindet den Stolper Wirt des neuen «Krugs» mit seinem Quartiersgast in der Nacht vom 20. auf den 21. November 1811. Kleist stand am Ende seines Lebens vor einem finanziellen Scherbenhaufen. In den Tagen vor seinem Freitod hatte der mittellose Dichter mehrere Bittbriefe an den König von Preußen und vor allem den mächtigen Staatskanzler Karl August von Hardenberg geschrieben.

1863 erwarb der Bankier Wilhelm Conrad die Ländereien westlich des Wannsees und gründete dort die Villenkolonie Alsen. Er ließ Stimmings «Neuen Krug» abreißen und 1870 sein neues Sommerdomizil, die «Villa Alsen», als erstes Landhaus der jungen Kolonie errichten.[14] Auf dem Gelände befindet sich heute der Potsdamer Yacht-Club. Die Stimmingstraße in Wannsee erinnert noch an die Stolper Wirtsfamilie.

Wie die Gästezimmer im neuen «Krug» im November 1811 genau ausgerichtet waren, ist nach wie vor ein Rätsel. Zusammen mit einer kürzlich entdeckten Skizze von der Außenansicht des Gasthofes aus späterer Zeit[15] kann die Bauzeichnung als Annäherung dienen, um einen Eindruck vom Ort und von der letzten Nacht von Kleist und Henriette Vogel am Kleinen Wannsee zu gewinnen.

Anke Klare

13 Vgl. Schreiben vom 15.2.1797, in: GStA PK, II. HA, Abt. 14 Tit. 207 Nr. 8, Bd. 5, Bl. 164.

14 Vgl. Nils Aschenbeck (mit Rainer Kühn): Villen in Berlin – Kleiner Wannsee mit der Colonie Alsen und dem Kleist-Grab, Petersberg 2011, S. 38 f.

15 Vgl. Jan Mende: Wo Heinrich von Kleist seine Abschiedsbriefe schrieb. Zwei unbekannte Ansichten von «Stimmings Krug» entdeckt, in: Gedankenstriche 2020. Ein Journal des Kleist-Museums, Frankfurt (Oder) 2020, S. 16–23.

*

Nun, Kleist, bist du ganz mein

Das Kleist-Denkmal am Kleinen Wannsee verrät nicht, dass hier ein Dichter liegt, der ungezügelte Leidenschaften schilderte und zu erregen versuchte. Von der Bismarckstraße führen asphaltierte Wege unter hohen Bäumen direkt zum umgitterten Grab, dicht daneben ist das Haus eines Ruderclubs gelegen. Der schlichte Stein aus der NS-Zeit trägt seit der Neugestaltung im Jahr 2011 auf beiden Seiten eine Inschrift. Auf der einen stehen unter den Namen und Lebensdaten Heinrich von Kleists und Henriette Vogels Verse des vergessenen Max Ring – «Er lebte sang und litt / in trüber schwerer Zeit / er suchte hier den Tod / und fand Unsterblichkeit / Matth. 6 V. 12» –, auf der anderen aus dem kleinen Dramenkanon geflügelter Kleist-Zitate eine Zeile des Prinzen Friedrich von Homburg – «Nun, o Unsterblichkeit, bist du ganz mein». Im Dritten Reich hatte das Propagandaministerium, vom Präsidenten der Kleist-Gesellschaft eifrig darauf hingewiesen, die Verse des jüdischen Dichters Ring ersetzen lassen. Heutige Besucher finden beide Inschriften vor, anders als die längste Zeit nach dem Doppelselbstmord wird auch der Geliebten Henriette Vogel gedacht.

Erhaben wirkt nichts an diesem Ort. «Schöne Anlage, lädt zum Verweilen ein», «Gut gepflegtes Denkmal in schöner Umgebung, das zum Nachdenken anregt», so lauten *Google*-Bewertungen, die gerade in ihrer aufgeräumten Touristenlaune und Saturiertheit Wesentliches treffen. Die Stelle, an der Kleist am 21. November 1811 erst Henriette Vogel und dann sich erschoss, ist seit dem Ende des 19. Jahrhunderts großstädtisches Terrain und Freizeitzone, geprägt von Einfamilienhäusern und Naherholung. Um den distinguierten Bedürfnissen der Besserverdienenden auch semantisch entgegenzukommen, erhielt das Gewässer mit dem Bau der Villenkolonie Alsen einen neuen, aufgehübschten Namen, hieß nicht länger Stolpsches Loch. Wer damals das Grab besuchte, musste sich selbst einen Reim auf Kleist und seine letzten Stunden gemacht, vorher durchdacht haben, was er an diesem Ort mit dem abgründigen schwarzen Namen empfinden wollte. Theodor Fontane berichtete 1888 vom Hörensagen, was «kleine

Leute» von ausgesprochenem «Vorstadts- und Bourgeoischarakter» dabei redeten.[16] Es ging um Armut, Ruhm und Liebe, lauter große existentielle Themen, deren Erörterung jene Heiterkeit nicht störte, «die, von alter Zeit her, allen Gräberbesuch auszeichnet».[17] Man lebt ja noch und spürt dies besonders an dieser «Grabstelle, die, seitab und einsam im Schatten gelegen, denselben düstren Charakter zeigte wie das Leben, das sich hier schloß».[18]

Zum ersten Mal in der Geschichte des Grabes sind seit 2011 die Klagen über Vernachlässigung, Unwürdigkeit, traurige Zustände verstummt. Manche hatten sich freilich mehr erhofft, etwa der damalige Präsident der Kleist-Gesellschaft, Günter Blamberger, der eine ambitionierte künstlerische Gestaltung nach dem Vorbild der Gedenkstätte «Passagen» in der Bucht von Portbou erträumte. Das Geld reichte nicht dafür, aber wenn dies keine Rolle gespielt und man den israelischen Bildhauer Dani Karavan – der Walter Benjamins aus rostigen Stahlelementen gefertigten Korridor am Passagenort von Portbou gestaltete – hätte gewinnen können, bliebe die Frage, welche spezielle *Land Art* am Stolpschen Loch mit Kleist inszeniert werden sollte. Wäre der frühe Napoleon-Bewunderer, der sprachgewaltige Kriegstreiber oder der verkannte und am Ende seines Lebens weitgehend mittellose und durch alle Netze gefallene Dichter zu würdigen? Die wenigen Kleist-Denkmäler fordern nicht zur Nachahmung auf. In Frankfurt an der Oder wurde 1910 ein heroischer Götterliebling mit Leier auf ein Podest gesetzt, in Thun hält ein verträumter Jüngling, der Prinz von Homburg vorstellen soll, einen Lorbeerkranz in der Hand. Jeder Versuch, ein monumental geschlossenes Kleist-Bild zu entwerfen, müsste sich zur spannungsreichen Situation verhalten, in der Kleist zum Klassiker wurde, als preußischer Dichter und als Vorbild der Modernen mit ihren zerrissenen Herzen zugleich.[19] In dieses flackernde Bild müssten nicht nur die «kleinen Leute» aus den Vorstädten der schnell anwachsenden Metropole Berlin integriert werden, die Fontane belauschte. In diesem Bild behauptet sowohl der wilhelminische Gymnasialpauker wie auch der wilde expressionistische Dichter Georg Heym seinen Platz, die kulturpolitischen Propagandisten des Dritten Reiches wie die kommunistische Schriftstellerin Anna Seghers, die alle aus verschiedenen Gründen zur selben Zeit

16 Theodor Fontane: Kleists Grab, in: ders.: Wanderungen durch die Mark Brandenburg. Fünf Schlösser. Hrsg. von Gotthard Erler und Rudolf Mingau unter Mitarbeit von Therese Erler, Berlin 1994, S. 405–408, hier S. 405.

17 Ebd.

18 Ebd., S. 406.

19 Siehe Ernst Osterkamp: «Wandlung einer Seele aus Extrem in Extrem». Rudolf Borchardt über Heinrich von Kleist, in: Kleist-Jahrbuch 1983, S. 10–42.

Kleist verehrten. Der neuen bürgerlichen alten Mitte um 1900, aber auch den extremen literarischen und politischen Gegenpolen, Linken wie Rechten, wurde Kleist zum Heros.

Rudolf Borchardts Schatten

Kaum einer hat sich diesen Ort aber so einverleibt wie Rudolf Borchardt in seinem Zeitgedicht «Schatten vom Wannsee». Im Herbst 1935, kurz nach Verkündung der Nürnberger Gesetze, beschwor Borchardt den Dichterbruder und Selbstmörder: «Wohin des Wegs in so viel Lorbeer, Schemen / Mit den Pistolen in der Hand¿ / Kommst Du ein zweites Mal den Abschied nehmen / Von einem solchen Vaterland¿»[20]

«Schatten vom Wannsee» gehört zu den «Jamben», Schimpf- und Zorngedichten, die erst zur Zeit der Studentenrevolte in einer Parallelaktion von Helmut Heißenbüttel und Adorno in zwei fast zeitgleich erschienenen Borchardt-Anthologien aus dem Nachlass herausgegeben worden sind. (Der von Adorno eingeleitete Band erschien 1968 als Pappband der *Suhrkamp Culture*. Auch das Bild von Borchardts Nachruhm trug gegenläufige Spannungen in sich.)[21] Borchardt hat die «Jamben» «ein aufgespartes Donnerwetter» genannt.[22] Die «Jamben» sind Dokumente eines vorläufigen Abschieds vom Vaterland, des Auszugs aus der deutschen Literatur. Borchardt hatte sein Leben der «Wiederherstellung der deutschen Tradition» unterworfen.[23] Kleist, der Sprachgewaltige, der deutsche Sänger, aber eben auch der Verkannte, war ihm unter den Klassikern um 1800 der nächste gewesen, mehrfach hat er sein Leben und Schaffen in dessen Werk gefaltet. Dass die «Führung» des Dritten Reiches «Deutschtum» in einen «Gestütsbegriff»[24] verwandelt hatte, erforderte eine Abrechnung, ein ungetrübtes Bild der neuen lebens- und das heißt bei Borchardt immer auch werkgeschichtlichen Konstellation.

In «Schatten vom Wannsee» konfrontiert er die eigene, verzweifelte Lage eines von den Rassegesetzen bedrohten Deutschen jüdischer Abkunft, die einen Selbstmord rechtfertigen würde, mit Kleists Situation im Jahr 1811: «Verzeih erst Du mir daß ich noch am Leben, / Und ich verzeih Dir daß Du starbst.»[25] «Aiastod» nennt er den Selbstmord vom 21. November. Biographen haben über Jahrzehnte, soweit es irgend geht, rekonstru-

20 Rudolf Borchardt: Jamben, hrsg. und mit einem Nachwort versehen von Elisabeth Lenk, Frankfurt/M. 2004, S. 15.

21 Rudolf Borchardt: Ausgewählte Gedichte. Eingeleitet von Theodor W. Adorno, Frankfurt/M. 1968. Rudolf Borchardt: Auswahl aus dem Werk. Zusammengestellt und mit einem Nachwort versehen von Helmut Heißenbüttel, Stuttgart 1968.

22 Zit. nach Elisabeth Lenk: Nachwort, in: Borchardt: Jamben, S. 68.

23 Vgl. Gustav Seibt: Das brechende Herz des besseren Mannes. Rudolf Borchardt während des Dritten Reiches, in: Merkur, Juniheft 2003.

24 Vgl. Werner Kraft: Rudolf Borchardt. Welt aus Poesie und Geschichte, Hamburg 1961, S. 37.

25 Borchardt: Jamben, S. 15.

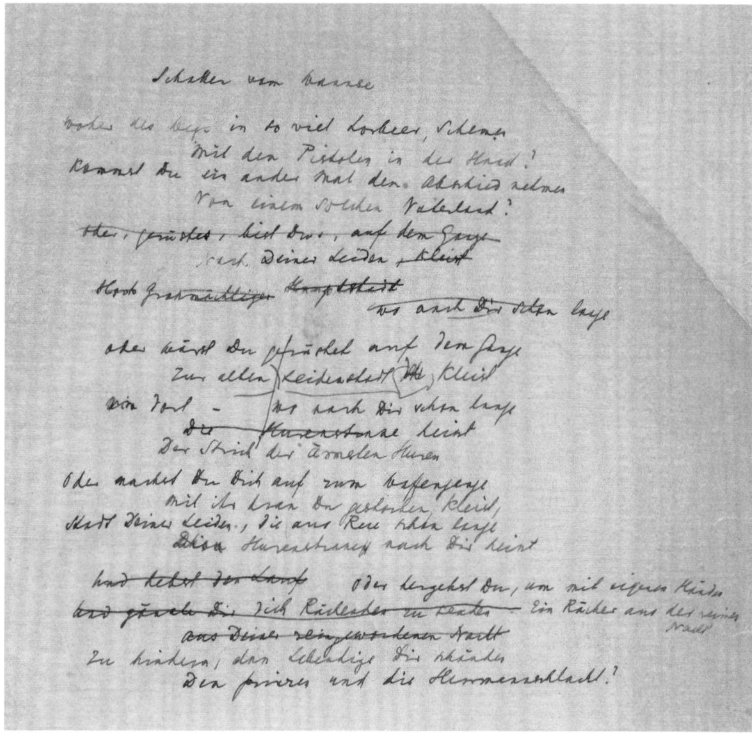

Abb. 2
«Wohin des Wegs in so viel Lorbeer, Schemen / Mit den Pistolen in der Hand?» Handschriftlicher Entwurf von «Schatten vom Wannsee», Herbst 1935. Nicht unweit des Ortes, wo der «letzte Preuße ohn ein Heer» den Freitod wählte, stand die Villa, in der Rudolf Borchardt seine Berliner Kindheit verbrachte.

iert, wie Kleist seine letzte Nacht in «Stimmings Krug» verbrachte, das Geschehen «in unaussprechlicher Heiterkeit» inszenierte. Sie haben eine Vielzahl von Gründen zur Erklärung des Suizids angeführt, auf Geldsorgen, Isolation, fehlende Anerkennung, düstere politische Aussichten hingewiesen. Das alles ist nicht falsch, doch trifft «Aiastod» – nach dem griechischen Helden, der aus Wut, dass Odysseus die Waffen Achills erhielt, rasend wurde und sich dann entleibte – den Charakter des Doppelselbstmords wohl besser. Kleists bester Freund, Ernst von Pfuel, verstand, dass der gequälte und zerrüttete Dichter den Tod mehr lieben musste als das Leben, «nur so mußte er nicht sterben, so in unächter Exaktation versunken, oder doch versunken scheinend; er konnte würdiger, schöner enden».[26]

Borchardt misst Kleists Entscheidung zum Freitod an der eisernen Pflicht eines vaterländischen Dichters, die schwerer wiegt als Zurücksetzung, Misshelligkeiten, Kränkungen: «Zwar, mir in der Seele reißt es, / Daß Du's erlittest. Zwar, gespart / Wards keinem.»[27] Kleist habe doch, so der Vorwurf, «schon rings» ein Deutschland besessen, «Das schon zu denken uns zerbricht!».[28] Gegen Napoleons Herrschaft war Aushilfe möglich, Besserung in Sicht. Jugend, Fürsten, Bürger, Schulen der damaligen Zeit lie-

26 Ernst von Pfuel an Caroline de la Motte Fouqué, 7. Februar 1812, in: Heinrich von Kleists Sämtliche Werke und Briefe. Herausgegeben von Ilse-Marie Barth, Klaus Müller-Salget, Stefan Ormanns und Hinrich C. Seeba, Band 4, S. 1089.

27 Borchardt: Jamben, S. 17.

28 Ebd., S. 15.

ßen, so Borchardt, Bestes erwarten: «Geknechtet? Doch vom Feind nur, der Euch zwängte. / Euch bliebt ihr immernoch heimgestellt».[29] Die nationalsozialistische Tyrannei dagegen als Usurpation des Feindes aus dem Ringinneren vernichtet alle Hoffnung, versperrt alle Auswege.

Borchardt bediente sich der klassischen Form der «Notwehrdichtung» (Ernst A. Schmidt). Zwar war eine Veröffentlichung geplant, doch schrieb er ohne Aussicht auf ein Publikum. Zwar spielte Kleist auch für linke Emigranten in der Positionierung zum Expressionismus eine wichtige Rolle, Anna Seghers stritt sich mit Georg Lukács über das Werk des preußischen Junkers, doch wünschte Borchardt, der die literarische Republik von Weimar hochfahrend von ästhetisch scharf rechts attackiert hatte und kaum etwas neben sich gelten ließ, keinen Kontakt zu linken Emigranten.

Am Wannsee, wo seine Eltern ein Haus bewohnten, hatte Borchardt seine Berliner Kindheit um 1900 verbracht, 1911 ein fünfzehn Seiten langes Gedicht – Rückblick auf eine immer mehr verschwimmende Jugend und Klärung der eigenen Position – unter dem Titel «Wannsee» geschrieben. Während er, weitgehend vergessen, in heruntergekommenen, schwer beheizbaren toskanischen Villen seine «Jamben» schrieb, richteten sich größere und kleinere Führer des Dritten Reiches in die bürgerlich repräsentative Schmuckwelt der Wannseevillen ein, wurde am 20. Januar 1942 bei einer «Besprechung mit anschließendem Frühstück» die Ermordung der europäischen Juden in die Wege geleitet. Borchardt und seine Frau wurden im vorletzten Kriegsjahr, als die Deportationen ausgeweitet wurden, im Zuge des Rückzugs der deutschen Truppen aus Norditalien im August 1944 von der SS verschleppt.

«Schatten vom Wannsee» endet mit der Aufforderung an Kleist: «Sag den Gefallenen, daß es mit uns aus ist / Und Abel tot: …»[30] Der Vers bricht ab, die Fortsetzung «Deutschland ist Kain» hat der Autor durchgestrichen.[31] Das Gedicht bestreitet, dass Kleist auf Erden nicht zu helfen war. Nachdem Deutschland «Kain» wurde, Empörer gegen göttliche Fügung, ja Ordnung schlechthin, bleiben dem Wiederhersteller der Tradition Abschied, Abbruch, Ausstieg.

29 Ebd., S. 16.

30 Ebd., S. 17.

31 Siehe Elisabeth Lenk: Editorische Nachbemerkung, in: Borchardt: Jamben, S. 106.

So lässt sich Borchardts Gedicht auch als Gegenprobe auf seinen eigenen, hybriden Anspruch lesen, Überlieferung, Sprache, Deutschtum autoritär unter die Fahne seines Werkes zu zwingen.[32] Die Frage, woran wie noch anzuknüpfen wäre, bleibt an Kleists Grab am Wannsee so extrem wie intim. Manche halten hier nur kurz Rast bei einem kleinen Spaziergang um den See. Andere zitieren Prinz Homburgs Unsterblichkeitsmonolog zur Prüfung der Leistungen des eigenen Gedächtnisses. Nicht immer liegt ein dunkler Schatten über diesem Grab.

Jens Bisky

*

Kunststücke in der Kubakrise

Am 21. November 1811 brachte sich Heinrich von Kleist gegen vier Uhr nachmittags gemeinsam mit Henriette Vogel am Stolper Loch um. «Kommen Sie recht bald zu Stimmings [Krug] hinaus […], damit Sie uns bestatten können», schrieb er wenige Stunden zuvor an einen Vertrauten.[33] Selbstmörder wurden zu dieser Zeit noch nicht auf Friedhöfen beigesetzt. Deshalb mussten die beiden Toten am Ort der Tat vergraben werden. Ob sich das heutige Kleist-Denkmal zwischen der Bismarckstraße und dem Kleinen Wannsee genau am richtigen Platz befindet, wissen wir nicht, doch solche geografischen Details werden die Teilnehmerinnen und Teilnehmer des Gruppe-47-Treffens kaum beschäftigt haben, als sie am 28. Oktober 1962 zu einem Spaziergang aufbrachen, was den Reportern des *Spiegel* immerhin so bedeutend zu sein schien, dass sie den Pilgergang zum «Selbstmördergrab des Dichter-Kollegen» süffisant protokollierten.[34]

Herbst 1962, ein Spaziergang der Gruppe 47

Die Strecke von der improvisierten Tagungsstätte – dem Gebäude des heutigen Literarischen Colloquiums am Sandwerder und früheren Casino-Hotels – bis zu Kleists Grab ist nicht besonders weit: Zu Fuß werden der «Gruppenchef» Hans Werner Richter, Alfred Andersch, mit dem er schon in der Zeitschrift *Der Ruf* zu-

32 Von Richard Rorty kann man lernen, wie man sich mit Pragmatismus gegen die autoritäre Versuchung immunisieren kann. Vgl. Pragmatism as Anti-Authoritarianism. Edited by Eduardo Mendieta, Cambridge, MA/London 2021.

33 Heinrich von Kleist: Sämtliche Werke und Briefe. Hrsg. von Ilse-Marie Barth, Klaus Müller-Salget, Stefan Ormanns und Hinrich C. Seeba, Frankfurt/M. 1991 ff., Bd. 4: Briefe von und an Heinrich von Kleist. 1793–1881. Hrsg. von Klaus Müller-Salget und Stefan Ormanns, 1997, S. 515 f.

34 «Gruppe 47. Wieder geklingelt», in: Der Spiegel 45/1962, 6.11.1962, S. 113–116, hier S. 113.

sammengearbeitet hatte, der deutlich jüngere Dichter Peter Rühmkorf und einige andere Schriftstellerinnen und Schriftsteller kaum mehr als 20 Minuten gebraucht haben. Dann konnten sie sich auf dem eisernen Zaun, der die Gedenkstätte einfriedet, abstützen und ihre Gespräche fortsetzen. Kleist war im November 1811 deutlich weniger etabliert als jene Vertreter der deutschen Nachkriegsliteratur, die sich hier vor seinem Grab versammelten. 1962 hatte die Gruppe 47 den Zenit ihres Renommees erreicht. Sie galt als kulturelles Aushängeschild der Adenauer-Republik. Jede ihrer Tagungen hatte ein enormes mediales Echo. Eine solche Resonanz seiner literarischen Arbeit hätte sich Kleist jenseits des Theaterwirbels, den er entfachen wollte, niemals träumen lassen.

«Nun, o Unsterblichkeit, bist du ganz mein» – was Richter, Rühmkorf und Andersch auf Kleists Grabstein lasen, stammt zwar aus dem *Prinzen von Homburg*, mutiert aber, aus dem Zusammenhang des Schauspiels gerissen, zu finsterem Sepulkral-Kitsch. Der Vers stand dort auch erst seit 1941, weil die Nazi-Propagandisten Kleist als nationalen Dichter für ihre Zwecke instrumentalisierten.[35] Ob das dem lächelnden, seine Gastgeberrolle sichtlich genießenden Hans Werner Richter 1962 bewusst war? Verband die drei so unterschiedlichen Autoren überhaupt viel mit Kleist?

In ihren Werken zumindest hat er keine direkten Spuren hinterlassen, am ehesten noch in der formstrengen Prosa Alfred Anderschs, der auf dem Schnappschuss eher gelangweilt zur Seite blickt. Doch auch ihn beschäftigten während des Spaziergangs vermutlich drängendere Dinge. Im Gegensatz zu Rühmkorf und Richter hatte er schon seit Jahren genug von den legendären Stammestreffen der Gruppe 47. Sie waren ihm zu repräsentativ geworden. Ein äußeres Anzeichen dafür war, dass es die 47er am 23. Oktober 1962 sogar auf das Cover des *Spiegel* geschafft hatten.[36]

Als Leistungsschau der literarischen Republik, bei der Kritiker wie Walter Jens, Joachim Kaiser und Marcel Reich-Ranicki die Hauptrolle übernahmen und nicht mehr die Autorinnen und Autoren, hatten die Tagungen für ihn ihren Sinn verloren. Schon 1958 hatte er sich von seinem einflussreichen Posten als Leiten-

35 Zur Geschichte des Grabes: https://www.berlin.de/sehenswuerdigkeiten/3561897-3558930-kleist-grab-am-kleinen-wannsee.html, abgerufen am 20.1.2023.

36 «Literatur/Gruppe 47. Richters Richtfest», in: Der Spiegel 43/1962, 23.10.1962, Cover und S. 91–106.

Abb. 3
Gruppenbild ohne Dame: Hans Werner Richter (Mitte), Peter Rühmkorf (links) und Alfred Andersch (rechts) halten Rast an Kleists Grab. Wannsee, Herbst 1962. Foto: Digne Meller Marcovicz.

der Redakteur des Süddeutschen Rundfunks – in dem er Nachwuchsautoren wie Hans Magnus Enzensberger oder Helmut Heißenbüttel eine erste Bühne bot – verabschiedet und war mit seiner Familie von Stuttgart in das abgelegene Berzona gezogen: ins Tessin, weil ihn die politische und geistige Situation der Bundesrepublik zunehmend deprimierte. Nach dem Fernbleiben in den Vorjahren war er der Einladung seines Freundes Richter 1962 möglicherweise nur gefolgt, weil das 15-jährige Jubiläum der Gruppe an der westlichen Peripherie der Frontstadt Berlin ein besonderes Ereignis zu werden versprach.

In der *Spiegel*-Titelgeschichte wird das Treffen lautstark so angekündigt: «Ob Clique oder Kumpanei, Autorenbörse oder Prüfstand der Talente, ob nihilistisch, links oder liberal – Tatsache bleibt, daß die Gruppe 47 heute Deutschlands literarische Metropole ist.»[37] Dieser massenmediale Trommelwirbel hatte allerdings einen enorm kurzen Nachhall. Das Berliner Literaturereignis wurde anderntags durch die Kubakrise übertönt, die sich dramatisch zuspitzte.[38]

Selten zuvor war die Gefahr eines Atomkriegs so spürbar wie jetzt, und während der Tagung kam sogar noch ein zweiter poli-

37 Ebd.

38 Zu Anderschs Situation und zur Tagung der Gruppe 47 vgl. Stephan Reinhardt: Alfred Andersch. Eine Biographie, Zürich 1990, S. 361–366.

tischer Schock hinzu: In Hamburg stellte die Polizei am Abend des 26. Oktober die *Spiegel*-Redaktion vollkommen auf den Kopf. Mehrere Redakteure wurden festgenommen, darüber hinaus beschlagnahmte man Archivmaterial und alle Schreibmaschinen. Legitimiert wurden die Übergriffe durch einen Beschluss des Bundesgerichtshofs: Es ging um Landesverrat. Am Samstag wurde Rudolf Augstein als verantwortlicher Herausgeber inhaftiert. Der publizistisch versierte Andersch formulierte sofort eine Protestnote für die Gruppe 47. Unterstützt wurde er dabei von Hans Magnus Enzensberger und Klaus Roehler, ihre entrüsteten Formulierungen stießen allerdings keineswegs auf ungeteilte Zustimmung. Besonders Günter Grass soll Andersch vorgeworfen haben, zu radikal gegen die Bundesrepublik in Stellung zu gehen. Andersch wird dieses Zaudern einmal mehr darin bestärkt haben, sich vom westdeutschen Literaturbetrieb zu verabschieden, doch auch seine Stimmung hellte sich noch im Laufe des Sonntags auf, denn wenigstens in der Kubakrise kam es durch das Einlenken von Nikita Chruschtschow zur Entspannung.[39]

Während die politische Republik laut *Spiegel* nur «bedingt abwehrbereit» blieb, fühlte sich die literarische ziemlich rasch und unbedingt wieder feierbereit. Die Tagung der Gruppe endete mit einem rauschenden Fest, bei dem Andersch besonders intensiv mit Ingeborg Bachmann tanzte – ihr Debüt *Die gestundete Zeit* war neun Jahre zuvor in der von ihm herausgegebenen Buchreihe *studio frankfurt* erschienen. Augstein blieb 103 Tage inhaftiert. Der 33-jährige Rühmkorf, der 1962 gerade erst seinen zweiten schmalen Gedichtband *Kunststücke* veröffentlicht hatte, etablierte sich rasch als Lyriker und politischer Essayist, allerdings vorerst ohne durchschlagenden Publikumserfolg. Hans Werner Richter lud weiterhin Herbst für Herbst zur Tagung der Gruppe 47 ein, bis sie sich 1967 am Vorabend der Studentenunruhen überlebt zu haben schien. Und Kleists Grab ist heute noch ein beliebtes Ziel für Spaziergänge. Im Laufe der Jahrzehnte wurde es restauriert und vom nationalsozialistischen Pomp befreit, zuletzt zu seinem 200. Todestag.

Jan Bürger

39 Vgl. Reinhardt: Alfred Andersch, S. 362; Helmut Böttiger: Die Gruppe 47. Als die deutsche Literatur Geschichte schrieb, München 2012, S. 309 f.

Bildnachweis:
Abb. 1: GStA PK, I. HA Rep. 96, Nr. 216 D, Bl. 24. – Abb. 2: DLA Marbach. – Abb. 3: bpk / Digne Meller Marcovicz.

Claudius Seidl

Wir vom Sommer 1929

Kleiner prosaischer Schwenk durch «Menschen am Sonntag»

Die Rezeptionsgeschichte dieses Films beginnt, lange bevor die Produktion überhaupt abgeschlossen ist. Das Filmteam hat es eilig; es überholt sich gewissermaßen selbst. Am 23. Juli 1929 erscheint in der Tageszeitung *Tempo* ein Artikel, den ein gewisser Billie Wilder verfasst hat. *Tempo* kommt abends, der Name ist Programm. Billie Wilder ist 23, er schreibt für Berliner Zeitungen und hat Ambitionen als Drehbuchautor. Erst Jahre später, in den Vereinigten Staaten, wird er lernen, dass Billie der Frauenname ist. Und sich fortan Billy Wilder nennen.

Der Text klingt, bei erster, flüchtiger Lektüre, wie eine Rezension: das hymnische Lob eines Films, den es aber noch gar nicht gibt. Dann merkt man, es ist die Ankündigung, ja das Versprechen, dass etwas geschehen werde im deutschen Film. Etwas Neues, nie Dagewesenes. «Wir vom Filmstudio», das ist die Überschrift; wer gemeint ist, wird erst später offenbart. Und bevor das Neue beschrieben wird, muss das Alte verworfen werden. Ein Film sei in Arbeit, der ganz anders als das geläufige Kino werde. Keine Intrigen, keine Schicksalsbeschwörungen, keine mühsamen Pointen, nichts von dem, was die großen, teuren Filme so lebensfern, schwer und altmodisch aussehen lasse. Keine melodramatischen Winkelzüge, kein rosa Diwan. Man werde heraustreten aus den muffigen Ateliers und hinein in die Welt von heute. Man werde eine Reportage drehen, mit wirklichen Menschen und modernen Gefühlen. Die Titel «Sommer 1929» und «Junge Menschen wie wir» habe man verworfen; jetzt solle der Film «So ist es und nicht anders» heißen. Er habe einen Helden, der «in Neukölln wohnt», und eine «Heldin, die Schreibmaschine tippt».

Wilders Text ist das erste Manifest der deutschen Filmgeschichte (fast alles, was danach kam, liest sich, wie von ihm abgeschrieben). Der Ton ist selbstbewusst, ein bisschen vorlaut sogar – und der Text heizt nicht nur die Neugier des Publikums an. Sondern er setzt auch die Macher unter starken Druck: Dieser Film muss gelingen; falls er scheitert, wird sich jemand finden, der den Artikel aus dem Archiv von *Tempo* holt. Und Spott und Häme werden heftig sein.

Man muss Wilders Artikel nicht nur deshalb so ernst nehmen, weil er das Dokument eines extremen Selbstbewusstseins ist, fast könnte man sagen: ein Ausdruck von Größenwahn. Deshalb aber auch. «Wir vom Filmstudio», schon der Titel ist eine Anmaßung. Ein Studio gibt es nicht, und dieses «Wir» meint nur ein paar junge Leute, die meisten unter dreißig, keine großen Namen in der Branche. Wilder selbst hat als Ghostwriter in der hochproduktiven Drehbuchfabrik von Robert Liebman gearbeitet. Robert Siodmak, der hier als Kameraassistent genannt wird, hat ein paar Regieassistenzen vorzuweisen. Edgar Ulmer, auch Kameraassistent, hat zehn Jahre Erfahrung als Szenenbildner, immerhin bei Fritz Lang und Friedrich Wilhelm Murnau. Einzig Rochus Gliese, den der Artikel als Regisseur nennt, ist wirklich einer. Er hat, nach Assistenzen (unter anderem bei der «Golem»-Filmreihe) und Engagements als Filmarchitekt, Stefan Zweigs Novelle *Brennendes Geheimnis* verfilmt. Allerdings wird Gliese bald nach der Veröffentlichung des Artikels aussteigen; mit dem fertigen Film hat er so gut wie nichts zu tun. Und Eugen Schüfftan, den Wilder beiläufig als «Operateur» ankündigt, als Kameramann also, ist als Einziger über vierzig – und berühmt, zumindest in der Branche. Es waren seine Kameratricks, welche die kleinen Modelle in Fritz Langs *Metropolis* wie die gewaltigen Türme der Zukunftsstadt aussehen ließen. «Wir vom Filmstudio» – das ist auch die Ankündigung einer kollektiven Urheberschaft. Bei Lang, Murnau, Lubitsch, den Despoten aus den Babelsberger Filmstudios, gibt es keine Zweifel, wessen Werk ein Film dann ist.

Man muss Wilders Text aber vor allem deshalb so ernst nehmen, weil er so deutlich ausspricht: Wir wollen etwas. Wir schaf-

Abb. 1
«Kinder, kommt – wir wollen weiter». Momentaufnahme aus «Menschen am Sonntag». Das Originalnegativ ist verloren. Die deutschen Zwischentitel wurde bei der Rekonstruktion des Films entlang der Zensurkarte angebracht.

fen einen neuen Stil, eine neue Ästhetik. Wir wollen dem alten Kino der stickigen Studios, der parfümierten Gefühle, der melodramatischen Gesten ein neues Kino entgegensetzen. Ein Kino der frischen Luft, der echten Menschen, der realistischen Schauplätze. Ein junges, ein jugendliches Kino. Für jene bildende Kunst, die, aus einem ähnlichen Impuls heraus, die schweren Zeichen und die starken Gesten des Expressionismus verworfen hat und nach einer lebensnahen Form und einer schlichteren Schönheit strebt, hat schon 1923 der Kunsthistoriker Gustav Friedrich Hartlaub den Namen «Neue Sachlichkeit» gefunden. Das deutsche Kino, mit seinem Hang zum Expressiven, hat sich davon bislang nicht beeindrucken lassen. Heute ordnet die Filmgeschichte *Menschen am Sonntag* der Neuen Sachlichkeit zu, was sicher nicht ganz falsch ist. Womit aber wenig gewonnen ist. Gibt es etwas Sachlicheres als eine Maschine, die Kamera, und deren Blicke? Ist nicht das Kino selbst neusachlich?

Was aber für eine traditionelle Ästhetik wie eine Selbstverständlichkeit klingt, dass nämlich ein neuer Stil sich formt als purer Ausdruck eines schöpferischen Willens, eines künstlerischen Konzepts – das ist im Kino meistens nur eine Behauptung im Nachhinein. Manifeste sind selten in der Filmkunst, und dass ein neuer Stil entstanden sei, offenbart sich erst, wenn die Filme in den Kinos laufen. Die einzige Ausnahme ist die französische *Nouvelle Vague*, deren Programm von François Truffaut und Jean-

Luc Godard, Jahre bevor die ersten Filme entstanden, schon entworfen wurde. Truffaut und Godard klingen, ein Vierteljahrhundert später, wie Wilder – weshalb man *Menschen am Sonntag* auch schon der *Nouvelle Vague* zuordnen könnte.

Diesseits aller künstlerischen Intentionen sehen Filme aber so aus, wie sie aussehen, weil das Filmen eine Technik ist; und weil diese Technik sich weiterentwickelt. Von den ersten Lebensszenen der Brüder Lumière bis zu den Superheldenfilmen von heute sind es lichtstärkere Linsen, empfindlicheres Filmmaterial, leichtere und beweglichere Kameras, schließlich die enormen Rechenleistungen der Computer, was erst die Möglichkeiten für jede neue Ästhetik schafft. Und schon deshalb ist man versucht, die meisten der Qualitäten von *Menschen am Sonntag*, all das, was dann vom Publikum und der Kritik als Zauber und Poesie, als Tempo und Modernität gelobt und gefeiert wurde, zunächst einmal als Produkt der materiellen Bedingungen zu betrachten. Die wichtigste dieser Bedingungen ist das Geld, das nicht da ist. Wilder hat später erzählt, dass Robert Siodmak von seinem Onkel Heinrich Nebenzahl, dem Produzenten der extrem erfolgreichen Harry-Piel-Filme, 5000 Mark bekommen habe. Wilder erinnert sich weiterhin an einen «Geldmenschen» aus der Friedrichstraße, dem sie, falls er investieren wolle, einen Riesenhit versprochen hätten. Die Summe, die der Mann ihnen gab, nennt er nicht. Ein Harry-Piel-Film kostete um die 100 000 Mark. «Weiß der Teufel, wo das Geld herkam», schrieb Wilder später.

Zehn Mark pro Drehtag und den Verdienstausfall, wenn sie Urlaub nehmen mussten: Das bekamen die Darsteller. Für den Rest des Budgets wurde Filmmaterial gekauft. Sie konnten sich keine Studiomiete leisten, sie mussten hinaus, ins Freie, zum Wannsee. Und sie mussten, was man sich gerne als Frechheit und Überfall vorstellen darf, die Menschen, die ihnen gefielen, auf der Straße ansprechen: ob sie mitspielen wollten im besten deutschen Film des Jahres? Der erste Verdacht, jedenfalls der angesprochenen Frauen, war: «Menschenhändler», «Zuhälter», nichts wie weg.

Ein Wunder, dass das Casting trotzdem gelang. Die Menschen am Sonntag, das sind: Brigitte Borchert, im Leben wie im Film eine Schallplattenverkäuferin. Christl Ehlers, Komparsin. Annie

Abb. 2
Die erträgliche Leichtigkeit des Seins. Brigitte, Christl, Erwin und Wolfgang mieten sich an der Badestelle Schildhorn ein Tretboot. Aufnahme aus «Menschen am Sonntag». Wannsee, Sommer 1929.

Schreyer, ein Mannequin (der Zwischentitel schreibt «Mannekin»). Erwin Splettstößer, Taxifahrer. Und Wolfgang von Waltershausen, Weinverkäufer. Fünf Menschen in ihren Zwanzigern, wobei Annie keine große Rolle spielt; sie wird den ganzen Sonntag verschlafen. Wolfgang hat Christl angesprochen am Samstagnachmittag, ist mit ihr in ein Café gegangen; dort haben sie sich für den nächsten Morgen am Bahnhof Nikolassee verabredet. Christl bringt ihre Freundin Brigitte mit, Wolfgang seinen Freund und Nachbarn Erwin (dessen Freundin Annie eben nicht aus dem Bett kommt). Und dann gehen sie los, es ist nicht mehr als eine Viertelstunde, suchen sich einen Platz am Ufer des Wannsees, ziehen sich um, schwimmen, picknicken, flirten.

Was folgt, ist die Einlösung des Versprechens, das Wilder mit dem *Tempo*-Artikel gegeben hat. Kaum ein Schauplatz könnte moderner sein als der Strand, wo mit den Kleidern auch die Markierungen von Konvention und sozialen Unterschieden fallen. Ein paar Jahre zuvor haben die Amerikaner der *Lost Generation* den Strand der französischen Riviera für sich entdeckt. Aber es dauert noch fünf Jahre, bis F. Scott Fitzgerald mit *Zärtlich ist die Nacht* das Terrain auch für die Literatur erschließt. Ein heller Sommersonntag, die Kiefern des Grunewalds, die unter einem grauen Himmel ziemlich düster wirken können, und der märkische Sand sehen nach Süden aus. Die vier Hauptdarsteller schaffen es, sich zu bewegen, zu schauen, zu sprechen, wie sie das wohl auch tun würden, wenn keine Kamera zusähe – was einer der schönsten Vorzüge des Stummfilms ist: Sie müssen keinen

Dialog lernen, nicht auf saubere Artikulation achten; sie können sich ganz aufs Natürlichsein konzentrieren. Und sie schaffen es, von der ersten Szene an, das immer noch gültige Gebot des deutschen Films, wonach aufgerissene Augen, expressive Mimik, ausschweifende Gesten den Dialog ersetzen müssen, zu dementieren.

Von einem Bäcker in Nikolassee, schreibt Wilder, hätten sie sich einen Handkarren geliehen und damit die ganze Kamera-Ausrüstung über den sandigen Boden geschoben. «Ein Herr Eugen Schüfftan, Erfinder eines weltberühmten Kameratricks, den ich bis heute nicht verstehe.» Viel mehr ist Wilder später, in dem Artikel «Wie wir unseren Studiofilm drehten», zum Kameramann nicht eingefallen. Weshalb man die Informationen über seine Arbeitsweise nur durchs Betrachten des Films gewinnen kann. Und da sieht es so aus, als ob das Gelingen des Films ihm vielleicht mehr als allen anderen zu verdanken ist.

Wobei die Frage der Urheberschaft letztlich nicht beantwortet werden kann. Vor- und Nachspann sind nicht verlässlich; später hat fast jeder über jeden anderen gesagt, dass dessen Anteil übertrieben worden sei. Der Film war ein Erfolg, alle wollten dabei gewesen sein. Die heute gängige Fassung – das Originalnegativ ist verloren – nennt zwei Regisseure: Robert Siodmak, der später, in Hollywood, einige der besten Filme der Schwarzen Serie inszenierte und, zurück in Deutschland, *Nachts, wenn der Teufel kam*; und Edgar G. Ulmer, der später, auch in Hollywood, zum Beispiel mit *Detour* der Meister der B-Movies war. Credits als Autoren haben Kurt Siodmak, Roberts Bruder und Verfasser einer Reportage, die als Vorlage diente; später, in Amerika, nannte er sich Curt und schrieb Drehbücher und Science-fiction-Romane. Und eben jener Billie Wilder, der auch berichtet, man habe manchmal in einem Café in Nikolassee noch das Drehbuch redigiert, während Team und Darsteller warten mussten. Und schließlich gibt es noch einen Kameraassistenten-Credit für Fred Zinnemann, Jugendfreund Wilders aus Wien, der später, in Hollywood, der Spezialist für repräsentative Großproduktionen wie *High Noon* und *From Here to Eternity* wurde. Auch das ist, wenngleich wohl nicht beabsichtigt, ein revolutionärer Effekt dieses Films: Das Märchen vom genialischen Regisseur, der alle Fäden der Inszenierung in der Hand hält, kann hier nicht erzählt werden. Es stimmt ja, weil Filme kollektive Kräfte erfordern, fast nie. Aber selten ist das so deutlich sichtbar geworden.

Was wie ein einziger, quasi beiläufig mitgefilmter, sonniger Sommersonntag aussieht, ist das Produkt von mehreren Monaten Drehzeit. Tagelang habe man manchmal aufs gute Wetter, das helle Licht gewartet, schreibt Wilder. Und wenn die Kamera durch die Kiefern hinauf zum Himmel blickt und besonders gern das Gegenlicht einfängt, hatte das den Effekt, der schon bei der Premiere am 4. Februar 1930 den Kritiker Herbert Ihering begeisterte. «Was ist das Besondere?», fragt Ihering im *Berliner Börsen-Kurier*. Und antwortet sich selbst: «Die zauberhafte Leichtigkeit des Bildflusses, musikalischer als in allen Tonfilmen? Der Humor, die Einfälle, die Spielfreude? Das Besondere ist, daß – vielleicht von selbst, vielleicht beabsichtigt – dieser Film zur ursprünglichen Geste zurückkehrt ...» Der hohe Ton gehörte dazu; das Kino war, auch 35 Jahre nach seiner Erfindung, so neu, dass seine Anerkennung als Kunst einen gewissen rhetorischen Aufwand notwendig machte. In der Sache hat Ihering recht – und andererseits speist sich diese ganze Poesie doch aus sehr prosaischen Quellen.

Wenn die Sonne da war, musste schnell gedreht werden, denn Lampen gab es nicht. Und weil, anders als in teureren Filmen, hier kein Drehort eingegrenzt und abgesperrt werden konnte, musste die Kamera darauf achten, dass niemand ins Bild kam, der das nicht wollte. Die schnellen Schnitte, die fließenden Kameraschwenks sind also auch Fluchtbewegungen vor der Präsenz der Unbefugten. Und wenn die Kamera wieder mal hinauf, in die Kiefernkronen, den Himmel, das Gegenlicht blickt, ist das auch der Trick, der die Schauplätze zusammenhält. Die Crew musste filmen, wo es eben ungestört ging. Am S-Bahnhof Nikolassee steigen sie aus, an der Badestelle Schildhorn mieten sie ein Boot. In der Wirklichkeit müsste man fast zwei Stunden wandern. Die Szene mit dem stärksten Willen zur Poesie ist vielleicht die schwächste: Wenn Christl und Walter sich lieben auf dem Waldboden, schwenkt die Kamera erst an den Wipfeln entlang und bleibt dann, für einen langen Moment, bei einem Müllhaufen hängen.

Menschen am Sonntag war ein Anfang – auf den dann aber nichts folgte. Der deutsche Film, so erscheint es im Nachhinein, hatte kurz Luft geschnappt und dabei den richtigen Moment erwischt, den letzten Sommer des Booms, bevor am schwarzen Donnerstag die Börse crashte, die Krise begann und Schluss war mit der Heiterkeit, von der der Film erzählt. Danach schlossen sich die Türen der Studios wieder, und drinnen wurden Budenzauber und Kulissenschiebereien inszeniert. Es sah so aus, als ob Wilder und die Brüder Siodmak, Ulmer, Zinnemann und vor allem Schüfftan für einen Film gewonnen – letztlich aber doch verloren hätten.

Was mit Ästhetik allerdings nichts zu tun hatte. *Menschen am Sonntag* war der letzte Stummfilm – danach war erstmal Schluss mit den leichten, beweglichen, auf der Schulter getragenen Kameras. Für den Tonfilm brauchte es zentnerschweres Equipment, Mikrofone, die kein Windhauch zum Knistern brachte, Kulissen, in denen diese Mikrofone unauffällig platziert werden konnten. Es war der Fortschritt der Technik, der hier ästhetisch ein Rückschritt war – es wurde, fürs erste, unmöglich, einen Film wie *Menschen am Sonntag* zu drehen.

Als, fünfzehn Jahre später, auch die Tonfilmapparaturen beweglich geworden waren, ging es, nur ein paar Kilometer havelabwärts, weiter mit der leichten Beiläufigkeit im deutschen Kino. An der Glienicker Brücke beginnt Helmut Käutners *Unter den Brücken*, der Film, der die Vorschrift des Propagandaministers, dass Krieg und Nazis nicht vorkommen dürften, unterlief, indem er sie übererfüllte: Im Studio sah ein Deutschland ohne Krieg und Nazis wie eine Lüge aus. Draußen, an der frischen Luft, war es eine Utopie. Der Sommer 1944 könnte so schön sein. Die poetischen Schwenks und Kamerafahrten dieses Films kommen daher, dass Berlin unter den Bomben gerade in Trümmer fiel – weshalb die Kamera sich ihre Umwege suchen musste. Goebbels hasste den Film, erst 1950 konnte *Unter den Brücken* ins Kino kommen. Das Nachkriegspublikum schaute ratlos auf Käutners Leichtigkeit, auch aus diesem Anfang wurde nichts.

Bildnachweis:
Abb. 1 und 2: Stiftung Deutsche Kinemathek.

War Jacob Taubes ein Scharlatan?

Jerry Z. Muller: Professor der Apokalypse. Die vielen Leben des Jacob Taubes. Aus dem Englischen von Ursula Kömen. Berlin: Jüdischer Verlag im Suhrkamp Verlag 2022, 928 S.

«Seine großen, dunklen Augen ruhten niemals auf einem Ding. Immer war ein Flackern in ihnen, dem oft eine Bewegung um einen verletzlichen Mund entsprach.» Dieter Henrich war diesem «Flackern» – das er in seinem Nachruf auf Jacob Taubes (1923–1987) mit einer zarten physiognomischen Vignette beschwört – in den frühen sechziger Jahren an der FU in Berlin begegnet. Und bald darauf auf der ersten Reise ins gelobte Land Amerika, wo Taubes, der schon einige Jahre an der Columbia University lehrte, erst den jüngeren, gebürtigen Marburger Kollegen in seinem Appartement in Manhattan beherbergte und ihm dann ein neues intellektuelles Feld erschloss: New York im Kontext. (Wenig später lehrte auch Henrich an der *Columbia.*) In diese Jahre fallen auch die ersten Colloquien der Forschergruppe «Poetik und Hermeneutik» – zu denen Taubes als inspirierender Geist eingeladen wurde. Die Konstellation war günstig – denn auf den Treffen wurden nicht Vorträge vorgelesen, die vorher systematisch ausgearbeitet vorliegen sollten (was Taubes nicht lag und er in der Regel auch nicht befolgte), sondern konnte freiweg diskutiert werden (was ihm sehr lag).

Im Schilderwald der Nachkriegszeit war «Hermeneutik» bei aller Auffächerung ein akzeptiertes Signal, das den Zugriff temperierte und den Verkehr über die Umwege von «Historisierung», «Verstehen», «Kontext» und «Rezeption» in eine Richtung leitete. Diese Verkehrsordnung leuchtete Taubes nicht ein. Dem allgemeinen Strom bretterte er lustvoll ohne Rücksicht auf Verluste entgegen. Gegen die Umwege erschloss sich für Taubes die Dimension eines Textes durch den Kurzschluss der unmittelbaren Erfahrung, wie Henrich konzise notierte: «Erst im Dabeisein schien er sich auch der Durchsicht wirklich sicher zu sein.» Und «dabei sein» wollte Taubes immer. In den gelehrten Zirkeln der Republik machte er sich damit wenig Freunde. Die Pflichtbürde eines Nachrufes auf einen der ersten, ständigen Teilnehmer der Forschergruppe «Poetik und Hermeneutik» blieb so 1988 bei Dieter Henrich hängen – der nach mühsam abgepresster Anfangselegie seinen Nachruf nach ein paar weiteren Sätzen ratlos abrupt enden lässt. Wenn ein deutscher richtiger Professor über einen Apokalyptiker schreibt, bleibt auf der Seite viel weißer Raum übrig. Auf die halbe Seite Taubes im Vorspann des 13. Bandes der Forschungsgruppe folgte der 700-seitige Abdruck einer Disputation über «Individualität» – mit «Rekonstruktion», «Dekonstruktion» und «Dekomposition» neuer «Paradigmen» samt den auf dem methodischen Fuß folgenden «kritischen Nachbemerkungen».

Das Versprechen eines großen Buches hatte den Sohn eines Rabbiners aus Zürich lange begleitet – vor allem in den Anfangsjahren, als sein Stern aufging, Taubes zwischen dem Jewish Theological Seminary in New York und der Hebrew University in Jerusalem pendelte, Gershom Scholem noch große Stücke auf ihn hielt und sich für den jungen *shooting star* der Religionsphilosophie viele Türen öffneten.

Abb. 1
Auf Nietzsches Höhenkamm im Zentralmassiv der Gedanken: Jacob Taubes im Engadin um 1960.

Größer als das große Buch waren nur die Themen, die seine Begeisterung entfachten: die Achsenmächte der Religion und ihre Transferpolitik, «Paulus», «Gnosis», «Antinomismus», «Messianismus», «Apokalypse»; die Blockbuster der politischen Theologie. Manchmal schien das große Buch ganz nah zu sein – unmittelbar vor dem Erscheinen, zuweilen blitzte es schon auf der Publikationsliste auf, eine leuchtende Fata Morgana in der «öden» akademischen Wüste – «Klug sind wir alle» (Taubes) –, dann rückte es wieder in weite Ferne. Letzte Fristverlängerung für den akademischen Götterbeweis: das ist und bleibt der gelehrte Wälzer. Noch in seinem Nachruf schrieb Henrich dem Kollegen ins Schulzeugnis, dass er seinen eigenen «Anspruch» in der «Arbeit» «nicht eingelöst» habe. Aber das dämmerte diesem ewigen Versprechen namens – «Ach, Taubes» – selbst schon früher. Seinem Aufsatz über die «Intellektuellen und die Universität», den er als Gegengabe für zahlreiche Sonderdrucke im Sommer 1963 an das philosophische Schwergewicht Blumenberg schickte, fügte Taubes im flankierenden Brief an: «Das Bessere kommt noch in späteren Jahren, hoffe ich.» Aber diese Hoffnung trog, die Nahzeit eines großen Buches trat nie ein, akademisch explodierte bei diesem Apokalyptiker wenig.

Jetzt ist das große Taubes-Buch erschienen – aber eben in der profanen Form. Es ist die *offroad*-Variante des gelehrten 13. Bandes von «Poetik und Hermeneutik» zur «Individualität», Innen- und Außenansichten eines wilden, rastlosen Intellektuellenlebens, eine «Dekomposition» von Jacob Taubes auf 900 Seiten. Der amerikanische Ideenhistoriker Jerry Z. Muller führt uns Taubes im bunten Kleid seiner vielen Lebensrollen vor – den «Apokalyptiker», «Brückenbauer», «Ehemann», «Erzjuden», «Grenzgänger», «Hermeneuten», «Hochstapler», «Ideenhändler», «Konsensstörer», «Liebhaber», «Manisch-Depressiven», «Marxisten», «Netzwerker», «Orthodoxen», «Professor», «Querdenker», «Rebellen», «Seismographen», «Situationisten»,

«Stimmenimitator», «Soziologen», «Stalker», «Sünder», «Theologen», «Womanizer» ... (hier ohne Gewähr auf Vollständigkeit alphabetisch geordnet) und welche Pfauenfedern, Anmaßungen, Etiketten und Bürden das Leben und ein weltanschauliches Jahrhundert noch für Taubes bereithielt. *Professor der Apokalypse* ist eine Geisterfahrt durch das 20. Jahrhundert, ein Buch über Politik und Sex, Kabale und Intrigen mit einem *Who is Who* der philosophischen Götter und intellektuellen Halbgötter der Nachkriegszeit im Register – befeuert von Klatsch und Tratsch (*in bed with Susan Sontag* ...), den ewigen, niederen Dämonen des Arguments. Was wir eigentlich immer schon erfahren wollten, aber zu dezent und vornehm waren, nachzufragen: Ein *pageturner* für alle, deren *firewall* gegen akademischen Gossip noch nicht vollständig aktiviert ist. Ein Blick in den *darkroom* der Geisteswissenschaften mit Jacob Taubes in Doppelmission als Quelle und leibhaftige Verkörperung der Indiskretion.

Jacob Taubes war ein kleiner Meister darin, große Bögen zu schlagen. Auf der «Jetztzeit» lag für diesen «illegitimen Sohn der kritischen Theorie» – wie er sich einmal selbst glossierte – mit Walter Benjamin ein «historischer Index». Taubes besaß ein besonderes Ingenium, zwischen den Zeiten schnell hin und her zu zappen. Seine große Stunde war die Studentenrevolte – in der er mit der rebellischen, schönen Jugend fraternisierte. «Burn, Warehouse, Burn» – flamboyant verteidigte er 1967 (mit Peter Szondi) vor Gericht eine Flugblattaktion der Kommunarden in der Fußgängerzone gegen den Vorwurf der «Volksverhetzung». «Die Kommune 1 ist ein Objekt für die Religionsgeschichte und Literaturwissenschaft, aber nicht für die Staatsanwälte und Gerichte.» Von den frühchristlichen Sekten bis zum surrealen Karneval der Studentenrevolte war es für Taubes nur ein Wimpernschlag.

Die schöne Hochstimmung hielt nicht lange. Was neben den allgemeinen politischen Fraktionierungen für Taubes von 1968 konkret übrig blieb, waren Grabenkämpfe und Stellenkriege am legendär zerstrittenen Fachbereich 11 der FU Berlin. Dieser «verletzliche Mund» (Henrich) konnte ja vor allem selbst ungemein verletzen, austeilen und nachstellen. Eine führungslos vor sich hin dümpelnde Uni, zerstörte Seminarräume, ein toxisches Klima allgemeiner Verdächtigungen, «blöde» wie «böse» Professoren am Rande des Nervenzusammenbruchs – Taubes checkte in seinen späten Berliner Jahren immer wieder in der Psychiatrie am Wannsee ein. Das war das realakademische, hässliche Erbe der Revolte, das vom «Bund Freiheit der Wissenschaft» mit konservativ düsteren Farben an die Wand gemalt wurde: die ehrwürdige, alte deutsche Universität kurz vor der «Apokalypse» – der demokratisierten Gremienuniversität.

Absturz drohte für Taubes immer. Eben noch brillierte er im Seminar als feuriger Geist im imaginären Duell mit den ganz Großen der politischen Theologie oder im *aprés*-Gespräch – «Talmud in der Paris-Bar» (Jan Assmann) –, schon landete er im nächsten Moment auf dem Boden des *Tagesspiegel*-Leserbriefschreibers, der in den letzten Jahren eine seiner Publikationsoberflächen war. Gerade weil die geistige Fallhöhe bei Taubes so enorm war, sollten wir es uns mit ihm aber nicht zu leicht machen. Dass sich da ein Apokalyptiker in der Berufswahl geirrt oder in das falsche Subsystem verlaufen hat, ist offensichtlich. Um die eigene Seriosität, Beziehungstreue oder Zeitgemäßheit auszuflaggen, mag es angebracht sein, eine historische Person mit moralischen, akademischen, auch sexualpolitischen Maßstäben von heute zu evaluieren. Aber um das intellektuell überhitzte Klima des späten 20. Jahrhunderts zu verstehen, ist es interessanter, der unbedingten Autorität und dem Charisma nachzuspüren, die Taubes in seiner Zeit für sich behaupten konnte. Dieser undisziplinierte Kopf wurde lange als ein Ausbund an «Interdisziplinarität» angesehen, der schon im Ausgang der sechziger Jahre seinen deutschen, hermeneutischen Tagungskollegen quer durch alle Fächer die strukturalistischen Theoriestars von morgen in die Blöcke notierte. Noch in den achtziger Jahren wusste der wilde Denker die akademische Szene zu verzaubern. Diese Jahre in der Dämmerung der alten Bundesrepublik mit ihren Erlösungsphantasien, auch mit ihren verrückten Geistern und Wanderpredigern, sind uns heute archäologisch ferner gerückt, als es die «Jetztzeit» Jesu Christi für Taubes je war.

War Jacob Taubes ein Scharlatan?

In einer kleinen Umfrage haben wir diese antiakademische Frage, mit der wir Taubes zu seinem 100. Geburtstag am 25. Februar 2023 gerecht werden wollen, gestellt. Einige unserer zehn Autorinnen und Autoren waren seine letzten Freunde, Schüler oder Studenten, andere Zaungäste seines Seminars oder kannten den Namen als Gerücht. Auch den Paulus-Forscher Jens Schröter haben wir um eine Antwort gebeten. Sibylle Lewitscharoff erzählt uns von ihrer Autobekanntschaft mit der Apokalypse, den ehemaligen Bundesverfassungsrichter Dieter Grimm reizte das Hörensagen über den Tausendsassa aus dem Stegreif zu einem kleinen Wortspiel, und der jüngste Beiträger, Danilo Scholz, war auf der anderen Seite des Vorhanges nahe Bitterfeld just geboren, als Aleida und Jan Assmann im Spätherbst 1984 auf einer Party auf der Insel Westberlin bei den Wapnewskis Jacob Taubes zum ersten Mal begegneten. Es passt zu dem frommen Antinomisten, dass sich nicht alle zu ihm äußern wollten, vor allem die nicht, für die er «nichts als Gossip» oder «vor allem ein Schwein» war und die «mit dem Burschen nichts zu tun haben» wollten.

In einem schönen kleinen Nachwort auf Franz Overbeck hat Taubes die «abgründige Brüchigkeit» der Fragmente im Werk des Theologen als ein «Ineinander des Unvereinbaren» beschrieben. Vielleicht ist es dieses «Ineinander des Unvereinbaren», was heute, in einer politisch viel stärker sortierten Zeit neu an Taubes fasziniert. In seinem Seminar zu Carl Schmitt im Wintersemester 1985/86 – das Taubes zusammen mit Norbert Bolz und Nicolaus Sombart abhielt – saßen sowohl der Holocaust-Forscher Saul Friedländer wie der Rechtsaußen der historischen Zunft Ernst Nolte, und auch der FAZ-Herausgeber Jürgen Kaube ergatterte als junger Student noch ein Plätzchen. Über das «riesige Adressbuch» der Muller-Biographie hat er eine der ersten, größeren Besprechungen geschrieben. (FAZ, 13.12.2022)

Eine Taubes-Szene «abgründiger Brüchigkeit» ist der späte Hausbesuch des «Erzjuden» (wie er sich selbst gerne nannte) bei Carl Schmitt. Taubes hat diese Geistergespräche mit dem greisen 90-jährigen Carl Schmitt über die Römerbriefe später ins Mythische überzeichnet. «Bevor Sie sterben, sagen Sie das einigen», soll Schmitt Taubes nach dem Besuch in Plettenberg mit auf den Weg gegeben haben. Diesen Auftrag erfüllten ihm seine letzten Freunde Aleida und Jan Assmann, die Taubes' Heidelberger Paulus-Vorlesungen posthum transkribierten. Der Nazi-Kronjurist und das *first couple* der Kulturwissenschaften, der Antisemit und die Avantgarden des Memoria-Diskurses, der Feindtheoretiker und die Friedenspreisträger – noch in Taubes' Nachwelt zeichnet sich dieses «Ineinander des Unvereinbaren» ein. Der Dankesbrief von Walter Benjamin an Carl Schmitt vom 9. Dezember 1930, mit dem Taubes die diskurspolitische Lage der achtziger Jahre blitzartig neu mischte, findet hier ein nochmaliges Echo. Irgendetwas haben wir an der geistigen Situation der späten Bundesrepublik nicht verstanden, solange wir diesen ideenpolitischen Transfer nicht gedeutet haben.

Ulrich Nolte & Stephan Schlak

Weckruf der Berliner Hermeneutik

Es gibt wenige Philosophen oder gar Theologen, die das geistige Profil der Bundesrepublik Deutschland so nachhaltig geprägt haben und weit über ihre Grenzen hinaus einflussreich waren, wie Jacob Taubes, der seit 1966 als Professor für Judaistik und Hermeneutik an der FU Berlin lehrte. Eine wilde Mischung freier, kritischer und origineller Denker – Hans Peter Duerr, Fritz Kramer, Michael (Marc) Oppitz, Heinz-Dieter Kittsteiner, Egon Flaig, Norbert Bolz, Richard Faber, Wolfgang Fietkau, Peter Gente, Henning Ritter und viele andere – hatte bei ihm studiert. Zusammen mit Dieter Henrich, Jürgen Habermas, Hans Blumenberg und Niklas Luhmann war Taubes Herausgeber der Reihe *Theorie* bei Suhrkamp, die ab 1966 über zwei Jahrzehnte mehr als 200 Titel veröffentlichte. In dieser Reihe erschienen erstmals in Deutschland epochemachende Marksteine ausländischer, insbesondere französischer Forschung; darunter Marcel Mauss' *Die Gabe*, Pierre Bourdieus *Zur Soziologie der symbolischen Formen*, John Searles *Sprechakte*, Michel Foucaults *Archäologie des Wissens*. Diese transnationale Erweiterung des geistigen Horizonts war eine große Chance für die damals auf die Hegel-Linie abonnierte jüngere Generation. Mit Fächern wie Ethnologie, Soziologie, Philosophie und Sprachwissenschaft wurde auf diese Weise ein neuer Denkraum und Referenzrahmen geschaffen und ein neuer Wissenskanon aufgebaut. In diesem Kontext hat Taubes Themen lanciert, die bis heute die Diskussion beherrschen, wie etwa Politische Theologie, Apokalyptik, Paulus, die jüdischen Ursprünge des Christentums und fremdes Denken. Es ist vor allem sein Verdienst, dass überhaupt Fragen der Theologie wie Monotheismus und Polytheismus, Messianismus und Eschatologie wieder zu einem philosophischen Thema wurden und aus literatur-, kunst- und kulturwissenschaftlichen Debatten nicht mehr wegzudenken sind.

Für Aleida und mich bedeutete die Begegnung mit ihm eine Initiation in die uns bis dahin verschlossene Welt des Judentums. Während seiner häufigen Besuche in unserem Heidelberger Haus führte er uns in jüdisches Denken und Brauchtum ein. Mir hat er die Augen geöffnet für die polemische Dimension antiker Texte. Das war das politische Moment der «Berliner Hermeneutik», die Taubes bei uns gegen die «Heidelberger Hermeneutik» Hans Georg Gadamers auszuspielen liebte. Die «Heidelberger Hermeneutik» konstruierte Beziehung zwischen Texten in Form des Gesprächs. Gadamer klopfte den Text nach der Frage ab, auf die er die Antwort war. Der «Berliner Hermeneutik» ging es um Freund und Feind im Sinne Carl Schmitts. Taubes las den Text – auch *inter lineas* – genau auf die Position hin, gegen die er angeschrieben war. Eingebrannt hat sich mir der Zuruf: «Jan, du musst wissen: die ganze Tora ist gegen Ägypten angeschrieben!» Seitdem habe ich nicht nur die biblischen Texte mit anderen Augen gelesen. Ohne Jacobs Weckruf wären Bücher wie *Moses der Ägypter, Exodus, Politische Theologie zwischen Ägypten und Israel* nie geschrieben worden.

Taubes verkörperte einen Typus jüdischer Geistigkeit und damit eine Form von Bildung, die in Deutschland inzwischen verschwunden ist. Er bewegte sich frei und souverän in zwei Welten, der abendländischen Philosophie von Plato bis Heidegger und der jüdischen Tradition von Tora und Talmud. Sein einzigartiges Wissen verströmte er in mündlicher Rede und unzähligen Briefen. In der akademischen Welt, in der nur Schriftenverzeichnisse zählen, wurde das nicht verstanden und misstrauisch beäugt. Wissen mag angelesen und oberflächlich sein, es gibt aber nichts Authentischeres als Bildung. Bildung ist eine besondere Art von Wissen, das aus tiefer Faszination heraus entsteht und ein Leben lang aufgebaut wird, in das man initiiert werden kann, das einen Menschen formt und prägt. Jacob Taubes hat Bildung ausgestrahlt. Nur so erklärt sich der außergewöhnliche Einfluss, den dieser geistige Kopf in den zwanzig Jahren seiner Berliner, Pariser und New Yorker

Lehrtätigkeit ausgeübt hat. Die geistige Situation dieser Zeit war in ihm verkörpert.

Jan Assmann

Das Politische des Paulus

Paulus hat Philosophen schon häufig fasziniert. Auch für den jüdischen Religionsphilosophen Jacob Taubes war er eine zentrale Figur. Taubes fühlte sich ihm geistesverwandt, sah ihn, ähnlich wie sich selbst, zwischen den Welten des jüdischen und des christlichen Glaubens wandeln. Seine letzte Vorlesung im Sommersemester 1986 in Berlin und die Vorträge, die er kurz vor seinem Tod und bereits schwer erkrankt im Februar 1987 vor einem kleinen Kreis von Zuhörern in Heidelberg gehalten hat, kreisten um die politische Theologie des Paulus. Taubes' Lektüre der Briefe des Paulus ist zugleich eine prägnante Auseinandersetzung mit Paulus-Deutungen in der philosophischen und theologischen Tradition.

Die Heidelberger Vorträge wurden sechs Jahre später auf der Grundlage von Tonbandmitschnitten unter dem Titel *Die politische Theologie des Paulus* von Aleida und Jan Assmann herausgegeben. Taubes und seine Zuhörer haben – den Assmanns zufolge – die Zusammenkunft in Heidelberg geradezu als «testamentarische Situation» wahrgenommen.

In den Vorträgen zeichnet Taubes seine Lektüre des Römerbriefes in philosophische und theologische Diskurse ein. Besonders wichtig ist ihm dabei, wie auch sonst, das Gespräch mit Carl Schmitt, was nicht zuletzt durch die ausführliche Korrespondenz zwischen beiden belegt wird. Taubes' Verhältnis zu Schmitt war einerseits von einem erstaunlichen «Verstehen» für dessen Agieren in der NS-Zeit geprägt. Andererseits setzte er sich mit Schmitts Auffassung von der Diktatur des Politischen kritisch auseinander.

Die Paulus-Vorträge werden durch die Anekdote einer Begegnung mit Carl Schmitt eröffnet, die darin gipfelte, dass Taubes «mit dem größten Staatsrechtler dieser Epoche» gemeinsam Römer 9–11 las, diejenigen Kapitel also, in denen sich Paulus mit dem Geschick Israels angesichts der Heilsoffenbarung in Jesus Christus befasst. Angeblich habe diese Begegnung dazu geführt, dass sich Taubes in seinen Vorträgen auf den Römerbrief konzentrierte, denn Schmitt habe ihn aufgefordert, die Sicht, dass Paulus, wie schon Mose, als Fürsprecher für das Volk Israel eingetreten sei, «einigen (zu) erzählen».

Der erste Teil, «Lektüren: Paulus und Moses. Die Gründung eines neuen Gottesvolkes», ist einer kursorischen Lektüre einiger Passagen des Römerbriefes gewidmet. Die historischen und exegetischen Befunde werden dabei recht großzügig und unbekümmert präsentiert. Der Brief sei «eine politische Kampfansage an den Cäsaren», das Judentum im römischen Imperium eine *religio licita* gewesen. Solche steilen Thesen, die einen recht freigiebigen Gebrauch von der Quellenlage machen, finden sich mehrfach in Taubes' Darlegungen. Der Fokus liegt dagegen auf der Frage, wie der Jude Paulus die Erfahrung von Erwählung und Verwerfung des Volkes Israel verarbeitet hat. Dafür stellt Taubes die einschlägige Passage in Römer 8,31–9,5 in den Kontext jüdischer Exegesen über Gottes Versöhnung mit seinem Volk. In der Feier des Großen Versöhnungstages, Yom Kippur, würden Verwerfung und Versöhnung im Ritual inszeniert. Auf diese Weise werde zusammengehalten, was in der Auslegungsgeschichte zumeist auseinandergerissen worden sei. Paulus, so Taubes, verstehe sich als Überbieter des Mose, indem er der Konsequenz nicht ausweicht, dass ein neues Gottesvolk an die Stelle des bisherigen tritt. Zugleich biete das Ritual des Großen Versöhnungstages das Modell, um an einer zukünftigen Erlösung des jüdischen Volkes festzuhalten. Diese bestehe allerdings in einer neuen, pneumatischen Wirklichkeit, in der das bisherige Israel zu einem neuen Gottesvolk transformiert werde.

Diese Dialektik sei in der Wirkungsgeschichte des Paulus zumeist aufgelöst worden, wie Taubes im zweiten Teil, «Wirkungen: Paulus und die Moderne. Transfigurationen des Messianischen», anhand unterschiedlicher Stimmen darlegt: Markion und Adolf von Harnack haben eine Abstoßung des Alten Testaments empfohlen; Karl Barth, Erik Peterson und Carl Schmitt betonten die Bedeutung externer Autoritäten (Wort Gottes, katholische Kirche, Staat); auch Walter Benjamin, den Taubes einmal als «modernen Marcioniten» bezeichnet hat, Adorno, Nietzsche und Freud haben die Dialektik von Verwerfung und Versöhnung einseitig aufgelöst.

Taubes' Paulus-Interpretation ist provozierend, insbesondere wenn es um Israels Stellung unter den Völkern geht. Ihr Wagnis liegt in dem Versuch, das Denken des Paulus in philosophische und politische Diskurse von der Antike bis heute einzuzeichnen. Dass Paulus «politisch» dachte – wenn auch nicht im vordergründigen Sinn des Wortes –, ist eine pointierte anachronistische Beobachtung. Originell ist die Erklärung von Paulus' Deutung des Geschicks Israels mit Blick auf die Inszenierung von vergebener Schuld und neuem Anfang an Yom Kippur. Zugleich öffnen Taubes' Lektüren Möglichkeiten, durch die Auslegungsgeschichte besetzte Begriffe wie «Evangelium», «Geist» oder «Glaube» neu zu verstehen. Für die Sicht auf Paulus als jüdischen Theologen in der gegenwärtigen Forschung können Taubes' Interventionen als Irritationen etablierter Einsichten stimulierend wirken. Sie stellen eine in der Forschung derzeit vorherrschende Sicht infrage, der zufolge Paulus «im Judentum» geblieben sei, ohne dass Taubes deshalb Paulus' bleibende Verbindung zum Judentum leugnen würde. Ein «Scharlatan» ist Jacob Taubes in den Paulus-Vorträgen nicht, auch wenn viele seiner Thesen eher der virtuosen Assoziationskraft des Autors als der Quellenlage geschuldet sind.

Jens Schröter

«Ist Ihr Name ‹Paulus›?»

Die Welt, in der sich Jacob Taubes bewegte, war eine andere als die heutige: Es herrschte noch der Kalte Krieg, sie war geteilt in die Blöcke des Kapitalismus und des Kommunismus, die sich gegenseitig stabilisierten. Das war in der geteilten Stadt Berlin besonders spürbar, wo die Mauer den Bewegungs- und Wahrnehmungsradius bestimmte. Auch das Israel, in das Taubes reiste, war ein ganz anderes. Es gab noch die Stimme der säkularen Zionisten, der liberalen Intellektuellen und das Beziehungsnetz der europäisch geprägten Holocaust-Überlebenden. Und daneben existierte eine Gemeinde von Ultra-Orthodoxen, zu denen sich Taubes hingezogen fühlte. Sie erkannten den Staat nicht an und hängten am Nationalfeiertag eine schwarze Fahne aus dem Fenster. So kehrten sie der Politik der Gegenwart den Rücken und lebten täglich in der Erwartung ihres Messias.

Westdeutschland war damals politisch wie kulturell stark von den USA bestimmt, die EU spielte als eine kulturelle Orientierung für die Selbstdefinition noch keine besondere Rolle. All das änderte sich rapide zwei Jahre nach Taubes' Tod mit der Öffnung der Grenzen und der Ost-Erweiterung der EU. In der Taubes-Welt hat das digitale Zeitalter, wie wir es für unsere Kommunikation für selbstverständlich und unentbehrlich halten, noch nicht begonnen. Es gab noch keine *emails*, kein *youtube* und keine sozialen Medien. Man schrieb sich tatsächlich noch Briefe und trug sie eigenhändig zur Post.

Zwei Ereignisse hat Taubes noch gerade miterlebt, die die Welt veränderten. Das erste war der bislang größte Unfall in der Geschichte der Kernenergie im Atomkraftwerk Tschernobyl am 26. April 1986. Während die meisten damals von diesem Ort noch nie gehört hatten, war Taubes mit ihm familiär bestens vertraut. Am Ort der Reaktorkatastrophe waren seine Vorfahren zuhause, verbunden mit dem berühmten Rabbi Nahum Tschernobler. Menachem Nahum von Tschernobyl lebte im 18. Jahrhundert und war ein Schüler des Baal Schem Tov, des Begründers des Chassidismus, einer spirituellen Erneuerungsbewegung, die sich von traditionellen Vorschriften entfernte und aus den Quellen der Spontaneität, Innerlichkeit und Lebensfreude schöpfte.

Das zweite zukunftsträchtige Ereignis war der Historikerstreit, den Taubes mit größtem Interesse verfolgte. Er hielt ihn für die wichtigste geschichtspolitische Debatte der Bundesrepublik seit 1945. In Berlin gab es damals noch kein Holocaust-Mahnmal, aber die ersten zivilgesellschaftlichen Initiativen lokalen Gedenkens. So beteiligte sich Taubes an einer Planungsgruppe für ein Denkmal an Gleis 17 des Bahnhofs Berlin-Grunewald, dem Bahnsteig der Berliner Deportationszüge, nur wenige hundert Meter von seiner letzten Wohnung entfernt.

Wird Taubes noch eine Rolle im Gedächtnis der Nachwelt spielen? In seiner Rezension zu Jerry Mullers intellektueller Biographie hat der FAZ-Herausgeber Jürgen Kaube darauf eine klare Antwort gegeben: Keine. «Taubes legte nur ein einziges (Buch) vor, seine Dissertation *Abendländische Eschatologie* von 1947.» Und weiter: «Der Vorwurf, nichts Eigenständiges, sondern vor allem Lesefrüchte und ‹Kritiken› vorzutragen, wird Taubes begleiten.» Kaube, der hier die Maßstäbe eines deutschen DFG-Gutachters anlegt, nennt Taubes einen «Stimmenimitator». Wer die Frage nach Wirkung und Rezeption stellt, sollte jedoch über den Zaun des deutschen Sprachraums schauen. Dann ergibt sich nämlich ein ganz anderes Bild: Der Stimmenimitator hat ein Stimmengewirr entfesselt, der Nicht-Autor eine Kaskade von Büchern ausgelöst. Wie konnte das geschehen?

Seine letzte Vorlesung an der FU hat Taubes dem Apostel Paulus gewidmet. Diese Vorlesung, die er kurz vor seinem Tod in komprimierter Form an vier Tagen vor einem kleinen gelehrten Publikum gehalten hat, wurde transkribiert und erschien 1993 unter dem Titel *Die politische Theologie des Paulus*. Was niemand erwarten konnte: Dieses Buch, das inzwischen in zehn Sprachen übersetzt ist, löste einen Boom an Paulus-Büchern aus. Das erste, das folgte, hatte mit Taubes nichts zu tun, aber es kam genau im richtigen Moment: Heideggers Paulus-Vorlesungen von 1920/21, die 1995 als erster Teil seiner *Phänomenologie des religiösen Lebens* erschienen. Es folgten Alain Badiou mit *St. Paul: La fondation de l'universalisme* (1997) und Giorgio Agamben mit *Il tempo che resta. Un commento alla «Lettera ai Romani»* (2000). Ergänzt um weitere Denkimpulse zu Paulus von Gianni Vattimo und Slavoj Zizek, haben diese Bücher, wie Gert-Jan van der Heiden rückblickend 2016 in einem Essay im *International Journal of Philosophy and Theology* schrieb, «die kontinentale Philosophie in Flammen gesetzt und waren Anstoß für ein fruchtbares und packendes Gespräch mit Theologen und antiken Philosophen».

Der Kritiker Kaube zählt die nicht eingelösten Versprechen von Taubes auf. Eines davon kündigte er in seinen Jugendbriefen an: «die Grundlagen einer neuen, überkonfessionellen Theologie legen zu wollen». Bei dem Biographen Muller liest sich das auf Seite 710 ganz anders: «Bereits 1947 hatte der 24-jährige Jacob Taubes sein Ansinnen kundgetan, für Paulus tun zu wollen, was Heidegger für Kierkegaard getan hat: diesen christlichen Inhalt von seinen Fesseln zu befreien und in etwas Universelleres zu überführen.» Das ist ihm wahrlich gelungen.

In den neunziger Jahren, die auf die «Zeitenwende» des Millenniums zuliefen und mit dem Etikett «postmodern» verbunden waren, spitzten sich plötzlich große Fragen zu, die sich nicht mehr nach Zuständigkeit und Deutungshoheit einzelner Fächer wie Theologie, Politik oder Philosophie sortieren ließen: Fragen nach Zukunft und radikaler Veränderung, Freiheit und Bindung, Macht und Ohnmacht, Liebe und Gewalt, Identität und Universalität. Was wir heute konstatieren müssen: Mit der Figur des Paulus hat der sogenannten «Stimmenimitator» eine enorme Resonanz entfaltet. Die erste Überraschung dieser unerwarteten Wirkungsgeschichte war: *religion matters* – mit seinen intellektuellen Fragen hatte Taubes einen Nerv der Zeit getroffen und Tore geöffnet. Plötzlich begannen säkulare Denker sich für biblische Texte zu interessieren und sie als Spannungsfeld ihrer eigenen existentiellen und intellektuellen Konflikte zu entdecken. Die zweite Überraschung bestand im Einbrechen von Diskursschranken. Durch den von Taubes vorgegebenen transnationalen, transreligiösen und transkulturellen Referenzrahmen waren Gründungstexte der eigenen Kultur neu zugänglich, und jeder war autorisiert, sich auf seine Weise damit auseinanderzusetzen. Taubes hat einen neuen Diskurs initiiert, den er in seinem eigenen Studium gesucht und lebenslang entwickelt hat: die Verknüpfung von Religion und Philosophie in einer neuen Form von Religionssoziologie, die die antiken Texte aus ihren historischen, politischen, ökonomischen, ethnographischen und geistigen Bedingungen deutet und ihre drängenden Botschaften für die Gegenwart hörbar macht.

Im Juni 1986 betrat Taubes eine Apotheke in Berlin am Roseneck, um ein Rezept einzulösen. «Ist Ihr Name ‹Paulus›¿», fragte die Apothekerin. «Eigentlich ja», war die Antwort, «aber auf dem Rezept steht ‹Taubes›.»

Aleida Assmann

Männerfreundschaft

Freunde pflegen ihre Gemeinsamkeiten, und manche Freunde kultivieren gemeinsame Feinde. Diese Feststellung trifft in geradezu paradigmatischer Weise auf Armin Mohler und Jacob Taubes zu, die sich seit ihrer Studentenzeit in der Schweiz kannten und ab 1947 im brieflichen Austausch standen. Die begriffliche Kärrnerarbeit, um einer solchen Verbundenheit auf den Grund zu gehen, nahm Mohler auf sich. In einer «Männerfreundschaft», erklärte er, «schließen zwei Mächtige, von denen jeder seine eigene Welt hat und auf eigenen Beinen stehen könnte, ein halb der Vernunft, halb der Sympathie entsprungenes Zweckbündnis gegen Dritte, das ihnen unnützen Streit untereinander ersparen soll».[1] Freundschaft, so ließe sich Mohlers Aperçu zuspitzen, ist Feindschaft gegen Dritte.

Der gemeinsame Gegner, der Mohler und Taubes einte, stand in der Mitte der politischen Gesellschaft. «Feind Nr. 1», statuierte Mohler, sind die Liberalen.[2] Er gehörte zu jenen radikal Konservativen, die sich stets als unermüdliche Streiter gegen den «unverbindlichen Liberalismus» verstanden, der «in der westlichen Welt den Stoff für die Sonntagsreden liefert». Die Skepsis, mit der er der freiheitlichen Gedankenwelt begegnete, wuchs sich im Laufe der Jahre zu kaum gezügelter Verachtung aus. So zollte Mohler in seinem Nachruf seinem Schweizer Duzfreund Taubes Respekt dafür, sich «den verwaschenen, rein instrumental gewordenen (und zu welchen Zwecken instrumentalisierten!) Liberalismus» vom Leib gehalten zu haben. Mehr noch: Taubes begegnete, so hält Mohler voller Hochachtung fest, der Weltsicht der «bien-pensants» nur mit «Spott und Verachtung».[3] Gelegentlich gestand Mohler Taubes sogar die Definitionshoheit bei der Feindbestimmung zu.[4] So hatte Taubes gegenüber antiliberalen Denkern wie Mohler oder Carl Schmitt vor allem einen Vorbehalt – dass sie durch ihre Parteinahme für den Nationalsozialismus die Kritik am Liberalismus diskreditiert und ihn damit «rehabilitiert» hätten «wie sonst niemand».[5]

Ist das Feld der Gesinnungsfeindschaft erst einmal abgesteckt, kann sich trotz aller verbleibenden charakterlichen und weltanschaulichen Unterschiede ein Dialog entspinnen, der sich als produktiv erweist, gerade weil Mohler und Taubes im Streitgespräch regelmäßig die Schwerter kreuzten. Im Allgemeinen, merkte Mohler dazu an, «wird man von Leuten aufgesucht, die meinen, man denke wie sie». Doch bei Taubes «war es gerade umgekehrt».[6] Er nahm es «nicht übel, wenn man anders war – sein Missmut regte sich vielmehr, wenn man es nicht entschieden genug war».[7] Daraus ergab sich eine Arbeitsteilung, die auch Taubes Genugtuung verschaffte. Mohler «war sozusagen der Rechtsextreme und ich der Linksextreme». Kurzum: «*Les extrêmes se touchent* – jedenfalls über die Mitte haben wir dieselben Ansichten gehabt.»[8] So konnten beide – mit Hölderlin gesprochen – «auf Gegenseitigkeit im ‹liebenden Streit›» rechnen.[9]

Zur forcierten Polarität zwischen den beiden Männern gehörte auch Taubes' jüdische Herkunft. Salcia Landmann, eine aus Galizien stammende Jüdin, die mit Mohler in Basel studierte, bekannte in ihrem Beitrag zu einer Festschrift, die Mohler zu dessen 75. Geburtstag überreicht wurde, dass der stramm rechte, mit dem Faschismus sympathisierende Intellektuelle «zeit seines Lebens dem jüdischen Volk als Ganzem und auch einzelnen jüdischen Gelehrten und Freunden intensive Sympathie und sogar Bewunderung» entgegenbrachte. Das mag «jeder Logik» entbehren, sei jedoch «eine unbestreitbare Tatsache».[10] Diese Faszination sollte allerdings nicht mit einer etwaigen Nähe zum jüdischen Volk verwechselt werden. Sie speiste sich vielmehr aus einer von Mohler niemals infrage gestellten Distanz: Das Judentum blieb in seinen Augen das unveränderliche Andere, nicht Assimilierbare, auf sein Fremdsein Festgeschriebene. So kolportierte Mohler Jahre später genüsslich die Anekdote, Paul Celan habe auf einem Treffen mit ihm bestanden, da man bei «Ihnen» doch sicher sein konnte, dass «Sie kein Philosemit sind».[11]

Obwohl Taubes in der Korrespondenz mit Mohler, über Bande auch mit Schmitt, schon frühzeitig die Verführbarkeit der Intellektuellen im NS-Staat und die Verbrechen des Nationalsozialismus auf die Tagesordnung des Trialogs setzte, nahmen sich die schriftlichen Reaktionen der beiden Angesprochenen eher spärlich aus.[12] Mohler spielte den Ball zurück und gefiel sich in Mutmaßungen über Jacob: Ihn beschlich «das Gefühl, dass der Holocaust für Taubes ein Beweis der Auserwähltheit der Juden war».[13] Ob er wirklich ermessen hat, wie tief der zivilisatorische und existenzielle Schock der Shoah bei Taubes saß, ist daher zu bezweifeln. Aus Jerusalem gab Taubes 1952 Einblick in seine Bedrängnis. All «mein Kompass ist zerstört, denn der Riss zwischen ‹Europa› und meinem Volke ist ein Riss durch mich hindurch».[14]

Mohler hingegen meinte bei Taubes allenfalls eine Oberflächenwirkung der Shoah ausmachen zu können – ein Urteil, das aus seiner Feder nicht überrascht, schließlich lässt sich sein eigenes Schaffen in zwei Phasen unterteilen. In der ersten fehlt jede systematische Auseinandersetzung mit der deutschen Verantwortung für den Holocaust. Mohler entzog sich der Frage, mit der ihn Taubes schon 1952 konfrontiert hatte: «Soll nur das Ausland das ‹Material› über die KZ und Gaskammern sammeln, oder ist es nicht Aufgabe derer, denen es um Deutschland von innen her geht, 'mal Aug in Aug zu stehen mit dem was im Namen des deutschen Volkes geschehen – und zu klären (wenn möglich): was geschehen und warum es geschehen ist?»[15] In die zweite Phase, die in den 1960er Jahren mit Erscheinen von Mohlers Kampfschrift *Vergangenheitsbewältigung* einsetzte und im Zuge des Historikerstreits der 1980er virulente Formen annimmt, fällt das Jammern über die später sogenannte «Holocaust-Industrie».[16] Ein Scharnier zwischen beiden bilden dabei die 1960er Jahre, in denen Mohler das Bemühen um historische Aufarbeitung zunehmend erbittert abwehrte und kommentierte Quellensammlungen, die Ross und Reiter des Mordes an den europäischen Juden nannten, als «eine Art Adressbuch zur Fortführung der ‹Entnazifizierung›» abkanzelte.[17] Gemünzt war diese Herabwürdigung auf den Autodidakten und Historiker Joseph Wulf, für dessen berufliches Fortkommen an der Freien Universität sich Taubes einsetzte. Als die Berliner Hochschule Wulf im Januar 1970 die Ehrendoktorwürde verlieh, hielt Taubes die Laudatio. Eine feste Anstellung an der FU oder die Möglichkeit, im

Rahmen eines Instituts seiner wissenschaftlichen Arbeit nachzugehen, blieb Wulf indes verwehrt. Im Oktober 1974 setzte er seinem Leben ein Ende.[18]

Nicht immer war Taubes zu kollegialer Hilfsbereitschaft aufgelegt, und Mohler machte sich keine Illusionen über die Charakterschwächen seines Studienfreundes. Besonders schwer wogen aus Sicht Mohlers die Attacken gegen Menschen, mit denen beide vertraut waren. Seine Jugendfreundin Salcia hatte Michael Landmann geheiratet, der seit 1959 Professor für Philosophie an der FU und eine treibende Kraft für die Einrichtung des Lehrstuhls für Judaistik war, auf den Taubes als Ordinarius berufen wurde. Zum Dank stellte Taubes dem Mann, der sich für ihn ins Zeug gelegt hatte, gnadenlos nach. Er terrorisierte Landmann, intrigierte gegen ihn, streute ehrabschneidende Gerüchte, hintertrieb Publikationsvorhaben und setzte ihm mit üblen Beschimpfungen zu, bis sogar für Mohler, der aus seinem aufbrausenden Temperament nie einen Hehl machte, das Maß voll war. Er ließ Taubes im März 1978 schriftlich wissen, was er von seinem Treiben hielt: nämlich gar nichts.[19]

Falls Mohler hoffte, mit diesem Ordnungsruf irgendwas zu erreichen, hatte er sich getäuscht. Taubes sträubte sich gegen Zurechtweisungen, schmollte und redete Mohler pikiert ins Gewissen. «Dass Du zur Verteidigung der alten Professoren dich aufschwingst, aber Armin! Die waren nicht heiss noch kalt, sondern laue Brüder.» Ein solches habe Mohler «nicht nötig, auch als Stilfragendirektor». Je mehr er sich in der Defensive wähnte, desto stärker neigte Taubes dazu, Mohler die Ausgangskonstellation dieser Freundschaft in Erinnerung zu rufen. «Wir sind von verschiedensten Positionen angetreten um die Archäologie unseres Bewusstseins zu treiben und nicht, auch über Faschismus nicht», dem «juste milieu» zuzuarbeiten.[20]

Standen Institutionen und Werte auf dem Spiel, strebten die Ansichten von Mohler und Taubes nicht nur auseinander; ihr Verhältnis erreichte einen toten Punkt, der von Anfang an im Gefüge dieser Freundschaft angelegt war. Während Mohler zum Gegenschlag gegen den «Generalangriff auf Institutionen und Riten, auf Tabus und Gewohnheiten» ausholte, um die autoritären Grundfesten gesellschaftlicher Ordnung zu verteidigen, verkündete Taubes mit dem Detachement eines diabolischen Dandys: «*I have no spiritual investment in the world as it is*, und als ‹Apokalyptiker› würde ich mich freuen, den Untergang der bestehenden Institutionen zu erleben.»[21] Hier berühren sich die Extreme keineswegs, sondern stehen sich unversöhnlich gegenüber.

Danilo Scholz

1 Armin Mohler: Carl Schmitt und Ernst Jünger. Anlässlich von Carl Schmitts Nachlass-Werk *Glossarium*, in: Criticón, Nr. 128, November/Dezember 1991, S. 294–298, hier S. 297.

2 Armin Mohler: Gegen die Liberalen, in: Der Rabe 22, 1989, S. 37–48, hier S. 37. Der Rabe war eine im Zürcher Haffmanns Verlag erscheinende Literaturzeitschrift.

3 Armin Mohler: Der messianische Irrwisch: Über Jacob Taubes (1923– 1987), in: Criticón, Nr. 103, September/Oktober 1987, S. 219–221, hier S. 219.

4 Armin Mohler an Peter Gente, 30. Juni 1986, in: Jacob Taubes – Carl Schmitt: Briefwechsel mit Materialien, hrsg. von Martin Treml, Thorsten Palzhoff und Herbert Kopp-Oberstebrink, München 2012, S. 203.

5 Jacob Taubes an Hans-Joachim Arndt, 25. Februar 1953, Nachlass Arndt, zitiert in: Jerry Z. Muller: Professor der Apokalypse. Die vielen Leben des Jacob Taubes, Berlin 2022, S. 283.

6 Mohler: Der messianische Irrwisch, S. 219.

7 Ebd., S. 220.

8 Jacob Taubes: Die Geschichte Jacob Taubes – Carl Schmitt (1987/1993). Die politische Theologie des Paulus. Vorträge, gehalten an der Forschungsstätte der evangelischen Studiengemeinschaft in Heidelberg, 23.-27. Februar 1987, abgedruckt in: Jacob Taubes: Apokalypse und Politik. Aufsätze, Kritiken und kleinere Schriften, hg. von Herbert Kopp-Oberstebrink und Martin Treml, München 2017, S. 299–307, hier S. 301.

9 Taubes an Mohler, 20. April 1952, in: Jacob Taubes – Carl Schmitt: Briefwechsel, S. 138.

10 Salcia Landmann: An Armin Mohler, in: Ulrich Fröschle, Markus Josef Klein und Michael Paulwitz (Hg.), Der andere Mohler: Lesebuch für einen Selbstdenker. Armin Mohler zum 75. Geburtstag, Neustadt an der Orla 1995, S. 67–69, hier S. 69.

11 Mohler: Der messianische Irrwisch, S. 220.

12 Jacob Taubes an Armin Mohler, Jerusalem, 14. Februar 1952, in: Jacob Taubes – Carl Schmitt: Briefwechsel, S. 130.

13 Armin Mohler: Der messianische Irrwisch, S. 221.

14 Jacob Taubes an Susan Taubes, Jerusalem, 7. Januar 1952, in: Susan Taubes: Die Korrespondenz mit Jacob Taubes 1952, hg. von Christina Pareigis, München 2014, S. 30.

15 Jacob Taubes an Armin Mohler, Jerusalem, 14. Februar 1952, in: Taubes – Schmitt: Briefwechsel, S. 132.

16 Armin Mohler: Vergangenheitsbewältigung. Von der Läuterung zur Manipulation, Stuttgart 1968.

17 Armin Mohler: Besprechung von Léon Poliakov / Joseph Wulf: Das Dritte Reich und seine Denker, Berlin 1959, in: Das Historisch-Politische Buch 8, 1960, S. 244.

18 Muller: Professor der Apokalypse, S. 540ff.

19 Armin Mohler an Jacob Taubes, 2. März 1978, Nachlass Mohler, in: Muller, Professor der Apokalypse, S. 587.

20 Jakob Taubes an Armin Mohler, 2. März 1978, in: Taubes-Schmitt: Briefwechsel, S. 151.

21 Mohler: Sex und Politik, Freiburg 1972, S. 61; Jacob Taubes: Ad Carl Schmitt. Gegenstrebige Fügung, Berlin 1987, S. 73.

Immer radikal, niemals konsistent

In seiner großartigen Biographie *Professor der Apokalypse* betont Jerry Z. Muller immer wieder Jacob Taubes' «Eigenschaft, verschiedenen Gesprächspartnern verschiedene Gesichter seiner selbst zu präsentieren». Mir hat er während meiner Berliner Studienzeit und in den elf Jahren, die ich sein Assistent war, ein oft von Krankheit gezeichnetes, müdes, aber immer freundliches Gesicht gezeigt. Vermutlich lag das daran, dass ich für ihn ein *homo novus* war, der mit den Konflikten, Problemen und Feindseligkeiten, die sich in den Jahrzehnten seines Lebens akkumuliert hatten, nichts zu tun hatte. Und es lag wohl auch daran, dass ich Taubes erst kennenlernte, als die euphorische Zeit der Studentenrevolte, in der er seine Triumphe vor vollen Hörsälen feierte, eigentlich schon vorbei war. Diese persönliche Vorbemerkung ist nötig, weil ich von den Schattenseiten des Lebens von Jacob Taubes nur vom Hörensagen und im Wesentlichen erst nach seinem Tod erfuhr. Dass er ein dämonischer, intriganter, ja böser Mensch gewesen sei, wird von unzähligen Zeitgenossen und auch von bedeutenden Gelehrten wie Gershom Scholem und Hans Blumenberg bezeugt. Es ist wohl sinnlos, das zu bestreiten.

Eine ganz andere Frage aber ist es, ob er ein Scharlatan gewesen ist. Ein akademischer Scharlatan ist ein Mensch, der Wissen vortäuscht, das er nicht hat – also ein intellektueller Hochstapler. Dass dieser Verdacht auf Taubes fallen konnte, liegt zum einen daran, dass er außerordentlich wenig publiziert hat, und dieses Wenige kaum den akademischen Standards entspricht. Wenn er geschrieben hat, waren es keine Werke, sondern Briefe. Und sein Geist hat sich sehr viel mehr im Reden als im Schreiben entfaltet. Deshalb bekommt man ihn nicht wirklich zu fassen, wenn man sich an seine Texte hält. Wie bei kaum einem anderen bedeutenden Intellektuellen schiebt sich hier die Person vor das Werk.

Ein zweiter Grund dafür, dass viele Taubes für einen Scharlatan halten, liegt darin, dass er der Gegentypus zum klassischen gelehrten deutschen Ordinarius war (wie ihn etwa am philosophischen Seminar der FU Berlin sein loyaler Kollege Wolfgang Hübener repräsentierte). Denn von einem Gelehrten erwartet man vor allem eines nicht: dass er *fasziniert*. Doch dass Taubes ein Faszinosum war, haben auch seine größten Feinde nicht bestritten. Faszinierend waren seine Geistesgegenwart und Autorität in Diskussionen, seine Freude an messerscharfer Kritik und seine Fähigkeit, spontan geistesgeschichtliche Bezüge über Jahrhunderte hinweg herzustellen. Um es auf den Begriff zu bringen, der Max Webers Beitrag zur politischen Theologie darstellt: Er hatte Charisma.

Die Besonderheit des Charismatikers Taubes kann man mit einer Formel von Nietzsche sehr gut bestimmen: die «Magie des Extrems». Dass er sich für den linksextremen Walter Benjamin begeisterte, war im intellektuellen Klima der FU Berlin jener Zeit nichts Ungewöhnliches; wohl aber, dass er sich mit gleicher Intensität um den Austausch mit dem rechtsextremen Carl Schmitt bemühte und dem verfemten Mann im Sauerland noch in seinen späten Jahren einen Besuch abstattete. Taubes war ein Linksextremer, aber nicht, weil er ein Linker war, sondern weil er ein Apokalyptiker war. Und deshalb hatte er auch keine Probleme, sich Rechtsextremen zu widmen. Carl Schmitt war für ihn der Apokalyptiker von der anderen Seite. Und beide waren sich einig in der Verachtung des Liberalismus und der Mittelmäßigkeit.

Bekanntlich hat sich Jacob Taubes vor allem in seinen letzten Lebensjahren mit Paulus identifiziert – und genauer mit einem antinomistischen Paulus. Gegen das Gesetz zu sein, immer extrem, niemals konsequent, immer radikal, niemals konsistent – das war sein Denk- und Lebensstil. Man könnte es sich leicht machen und darauf verweisen, dass er manisch-depressiv war. Doch damit kommt man dem Rätsel Taubes genauso wenig nahe, wie wenn man Nietzsches «Willen zur Macht» als Spätfolge einer Syphilisinfektion interpretiert. War Taubes ein Scharlatan? Wenn man einen Hochstapler enttarnt, einen Scharlatan entzaubert, dann verliert er seine Faszinationskraft. Nun gibt es zahlreiche Zeugnisse bedeutender Forscher, die belegen, dass Taubes in ihren Wissensgebieten unhaltbare Thesen aufgestellt hat. Doch das hat der Faszinationskraft dieser Figur keinen Abbruch getan. Man wird abwarten müssen, ob sie überlebt, wenn die letzten gestorben sind, die ihn persönlich gekannt haben. Denn für das Gedächtnis der Nachwelt hat er schriftlich fast nichts überliefert.

Norbert Bolz

Die Verwaltung des Zorns

Ich kann mich nicht erinnern, jemals so viele Rezensionen gelesen zu haben, die nicht die neue intellektuelle Biografie, sondern die dargestellte Persönlichkeit verreißen: als Hochstapler, Scharlatan, ja sogar als Dämon und «bösen» Menschen, der besser vergessen als gewürdigt werden sollte. Jacob Taubes ist am 21. März 1987 in Berlin gestorben, vor 36 Jahren; am 25. Februar 2023 wäre er hundert Jahre alt geworden. Wie lässt sich der verspätete Zorn erklären?

Ich selbst habe weder bei Taubes studiert noch seine Seminare und Vorlesungen besucht. Doch durfte ich als stummer Zeuge ein langes Gespräch verfolgen, das Taubes im Januar 1987 in Bergisch Gladbach geführt hat, wenige Wochen vor den Vorträgen zur politischen Theologie des Paulus, die er vom 23. bis 27. Februar 1987 in Heidelberg gehalten hat. Sein Gesprächspartner war Peter Sloterdijk. Die Einladung hatte Gerd Achenbach, ein Schüler von Odo Marquard und Begründer einer «philosophischen Praxis» in Bergisch Gladbach, ausgesprochen. Das Gespräch wurde mit einem Kassettenrecorder aufgezeichnet und danach transkribiert; veröffentlicht wurde es nicht. Geplant war eine Buchreihe mit Gesprächen zwischen zwei Philosophen; der Ältere durfte sich jeweils einen jüngeren Dialogpartner auswählen. Neben Gerd Achenbach fungierte Jochen Hörisch als Berater. Der Dialog als Urmedium der philosophischen Praxis – an dieser Grundidee sollte sich die Philosophie erneuern, der Ende der achtziger Jahre mal wieder der Totenschein ausgestellt wurde. Warum hat Taubes sich den 39-jährigen Sloterdijk dafür ausgesucht?

Vor seinem Tod hatte Taubes Florian Rötzer eines seiner letzten Interviews gegeben – aufgenommen in dem Gesprächsband *Denken, das an der Zeit ist* (1987). Das Gespräch kreiste um Taubes' zentrale Themen, Zeit als «Frist», die Geschichte des apokalyptischen Denkens, der er schon in seiner Dissertation über die *Abendländische Eschatologie* (1947) nachgespürt hatte. Gleich zu Beginn konfrontiert Rötzer ihn mit der Frage nach dem Ende der Philosophie. Und Taubes antwortet, dieses Ende der Philosophie sei «schon seit langem vorausgesagt worden. Es gehört zum Selbstverständnis der Hegelschen Philosophie, dass sie an ihr Ende gekommen sei. Der Weg von Ionien bis Jena ist vollständig durchlaufen. [...] Die Philosophie ist schon oft für tot erklärt worden. Entscheidend daran ist, dass das nicht ein Topos ist, der an sie von außen herangetragen wird, sondern dass sie selbst an einem bestimmten Punkt ihre Kulmination erreicht sieht, von dem an nur noch ein Weg aus ihr heraus möglich ist.» Dieser philosophische Exodus – den Taubes als «Weg aus ihr heraus» am Kulminationspunkt prophezeit – lässt sich als Echo auf die fulminante Anfangssätze der *Kritik der zynischen Vernunft* lesen, mit der Peter Sloterdijk 1983 als neue Autorenstimme die Bühne betrat. «Seit einem Jahrhundert liegt die Philosophie im Sterben und kann es nicht, weil ihre Aufgabe nicht erfüllt ist. So muss sich ihr Abschied quälend in die Länge ziehen. Wo sie nicht in bloßer Gedankenverwaltung zugrunde ging, schleppt sie sich dahin in einer glitzernden Agonie, in der ihr einfällt, was sie zeitlebens zu sagen vergaß.»

Und da kommen wir zurück zur Ausgangsfrage: Woher der Zorn auf Taubes nach so langer Zeit? Dieser richtet sich – so scheint mir – gegen einen «Denker auf der Bühne», der weniger durch Schriften als durch eine Vielzahl von polyglott geführten Gesprächen, Dialogen oder Briefen, im Streit mit Freunden oder Feinden, vor allem aber durch eine erstaunliche Präsenz und Aufmerksamkeit ein Ereignis war. «Einfälle» hatte Taubes bis zuletzt zuhauf. Dieses Glitzern auch in der Agonie der späten Jahre, das Brillieren für den Augenblick lässt sich der Nachwelt nur schwer vermitteln. Und schon gar nicht einer «Gedankenverwaltung» – die mit dem Zollstock die Länge von Publikationslisten zum Maßstab macht. Es gehört wohl zu den merkwürdigen Effekten eines solchen Denkens in Präsenz, dass die zentralen Passagen des Gesprächs, in denen es um Nietzsche ging, durch ein technisches Missgeschick nicht aufgezeichnet und transkribiert werden konnten.

Thomas Macho

Der Taubes

Als die Taube die Taube sah
sagte sie zu dem neben ihr stehenden Taubes
so etwas Taubes wie diese Taube
habe ich ja noch nie gesehen.

Auf Taubes' Frage
woher sie wisse
dass die Taube taub sei,
gab es naturgemäß keine Antwort.

Dieter Grimm

Apokalyptiker im nachtblauen Alfa

Nein, auch ich habe nicht wirklich bei ihm studiert, nur manchmal war ich in den achtziger Jahren Zaungast bei einem seiner Seminare. Da ich damals Religionswissenschaften studierte, hatte es etwas leicht Anrüchiges, zu Jacob Taubes «fremd zu gehen». Zwischen ihm und Klaus Heinrich, dem Leiter des religionswissenschaftlichen Instituts, herrschte in den Achtzigern ein unversöhnlicher

Streit, der in späteren Jahren gottlob ein wenig auf Eis gelegt werden konnte. Aber davon habe ich nur am Rande erfahren, weil ich damals viel Zeit im Ausland verbrachte.

Die beiden Professoren konnten unterschiedlicher nicht sein. Klaus Heinrich verfügte über ein immenses Wissen, das er in seinen Vorlesungen frei vortrug, indem er wie ein Peripatetiker hin und her wanderte. Im Seminar von Jacob Taubes ging es eher aufgeregt zu, einige Studenten verzapften Unsinn, gegen den Taubes nicht wirklich einschritt, er war eher ein Provokateur des Wissens, verfeuerte tolle Pointen, deren Wahrheitsgehalt zumindest fragwürdig war.

Um Taubes scharten sich etliche liebeshungrige Studentinnen, vermutlich weil sie dem Wahn verfielen, ein Jude könne an ihrer aufrichtigen Haltung gegenüber den Gräueln genesen, die sein Volk während der nationalsozialistischen Herrschaft erlitten hatte. Das war ziemlich gágá, zumal der Professor nicht in allerbester körperlicher Verfassung war.

Woher ich das weiß? Damals wohnte ich in der Winklerstraße im Grunewald, und Taubes wohnte mit Margherita von Brentano schräg gegenüber. Zufällig traf ich ihn öfter in der Paris Bar, in der er Hof hielt, gehörte aber nie zu seinem Kreis. Aber ich kannte Taubes, und er wusste, dass wir fast Nachbarn waren und ich mit einer flotten Alfa Giulietta herumfuhr, einer nachtblauen sportiven Schönheit, in der er gern Platz nahm. Wir hatten gewissermaßen eine Autobekanntschaft. Einige Male war er bei den Fahrten nicht in allerbestem Zustand, da fiel er mir mit dem Kopf vor die Brust, da musste ich ihn wegschieben und gleichzeitig das Steuer festhalten.

Trotzdem. Er hatte etwas Schlawinerhaftes, war äußerst anregend und zugleich klug, aus seinem Kopf sprühten die Funken, wenn er in guter Verfassung war. Selbst wenn sein Wissen ein wenig fragwürdig war, weil er es mit spontanen Eigenschöpfungen durchkreuzte, setzten seine erstklassigen Erfindungen in den Köpfen der Studenten Tumulte frei, die äußerst produktiv waren. Allerdings erzog er damit auch Faselanten, die ihm nicht gewachsen waren.

Besonders deutlich wurde das in einem privaten Kreis, der in der Wohnung von Nicolaus Sombart bei einem Jour fixe zusammenkam. Sombart war schlicht und ergreifend ein eitler Dummkopf, der vom Ruhm seines Vaters zehrte und die Weihen einer großbürgerlichen Herkunft zelebrierte. In seiner Wohnung war der Gang zum Klo mit Nacktfotos seiner Eroberungen geschmückt. Jacob Taubes war gewissermaßen der Glücksfang, der dort seine scharfen Pointen verfeuerte und sehr gern auch den Gastgeber damit düpierte. Sombart ließ sich die Frechheiten gefallen, wahrscheinlich, weil er wusste, dass ohne Taubes die Zusammenkünfte eine trübe, wenn nicht depperte Sause gewesen wären, vermutlich war er auch einfach zu dumm, um die Schärfe der Invektiven seines spektakulären Gastes zu begreifen.

Sibylle Lewitscharoff

Unglückliche Gnosis

Zu Ihrer Anfrage ad Taubes: Ich war 1980–83 bei ihm Studentische Hilfskraft, mein erster bezahlter Job in der Universität im 3. Semester und der Anfangspunkt meines Berufswegs. Warum ich? Typische Taubes-Begründung: Erst ein Zug an der Zigarette, dann «Sie können alle drei akademisch wirklich wichtigen Weltsprachen: Griechisch, Latein, Hebräisch». Ich musste dann die neuere Literatur zu Paulus herausfinden und heranschaffen.

Als Student war ich von der ersten Stunde an fasziniert von seinem Charisma, aber zugleich verwirrt von seiner antinomistischen, zutiefst nihilistischen inneren und äußeren Haltlosigkeit in eigentlich allen Bereichen: moralisch, akademisch, hygienisch, politisch, sexuell, psychologisch. Eine krude Mischung aus Wichtigtuer, Schmeichler, Wunderrabbi und destruktivem Charakter, aus Professor Unrat, Illui, Womanizer, Assoziationsgenie und Wahnsinn. Da war er nicht festgelegt und nicht festzulegen, er passte in keine Schublade.

Trotzdem könnte ich nicht in das *bashing* einstimmen. Denn ich bin niemals einem vielseitigeren Intellektuellen begegnet als Taubes. Gerade als öffentlicher Jude im Nachkriegsdeutschland war er noch wichtiger und interessanter als selbst Horkheimer und Adorno. Denn diesseits neomarxistischer Gesellschaftskritik war der Spross alter chassidischer und talmudistischer Rabbiner-Dynastien und selber Rabbiner, der von Bibel und Talmud bis Chassidismus, Hermann Cohen, Derrida, dem Satmarer Rebben und den Toldot Aharon im Judentum alles kannte und einbringen konnte, aber das in ein Verhältnis zu Heidegger, Neuem Testament, Schmitt, Marx, Ethnologie oder französischem Poststrukturalismus zu setzen wusste, auch als jüdischer Intellektueller zwischen New York, Paris, Berlin und Jerusalem völlig unvergleichlich und einmalig. Das konnte selbst der große Scholem nicht. Und Blumenberg hatte vom Judentum keine Ahnung, wenn auch sonst von allem. «Einmal Abendland und zurück» haben wir ironisch Taubes' manchmal genialische, manchmal repetitive Monologe in den Lehrveranstaltungen genannt.

Dass er ein auch an den eigenen Ansprüchen gescheiterter, akademischer Plagiator, Intrigant und Scharlatan war, dass er kaum wissenschaftlich wertvolle Schriften verfasst hat, dass die Belästigung, Verführung und der erotische Missbrauch von Studentinnen ihn heute den Job kosten würden – geschenkt. Das ist aber ein rein universitärer Maßstab, sozusagen Schulphilosophie, nicht Weltphilosophie. Als unorthodoxer, intuitiver Querdenker im Interdisziplinären und als intellektuelles Ereignis war Taubes trotz seiner stark (auto-)destruktiven Züge und seiner Amoralität dennoch sui generis. Er hat mir nie ein schlechtes oder langweiliges Buch empfohlen, was ich sonst von meinen Professoren nur begrenzt sagen konnte. Taubes hatte Charisma, und er hat uns zugleich Max Weber über Charisma zu lesen und zu begreifen gegeben.

Vielleicht muss man es anders fassen: Taubes praktizierte mündliche Tora, mündliche Lehre, wie ein rabbinischer Gelehrter, aber eben mit lauter ebenso anregenden wie unorthodox-anstößigen und unjüdischen Inhalten. Und das auch noch ohne Respekt vor irgendwelchen vermeintlichen wissenschaftlichen Autoritäten. Wer die Person Taubes und diese Art zu lehren nie lebendig erlebt hat, hat etwas Entscheidendes verpasst. Geist kann man nicht auf Flaschen ziehen, nicht wiegen oder auf Buchregale stellen. Er entzieht sich akademischer Kontrolle und Überprüfung, aber wirkt nach. Durch solche mündliche Lehre angeregt, musste man die disziplinierte akademische Arbeit und das Schreiben dann selber lernen, oder bei anderen akademischen Lehrern.

Ich bin nach 1983 auf Distanz zu Taubes gegangen und habe ihn nur gelegentlich besucht. Ich wollte über andere Themen arbeiten als diejenigen, die er für mich vorgesehen hatte. Meine persönliche Sicht auf Taubes habe ich selten öffentlich gemacht, und mich aus den Taubes-Lobreden und -Editionen und -Tagungen weitgehend rausgehalten. Zu ambivalent war unser Verhältnis. Aber wenn ich die intellektuelle, politische und akademische Langeweile betrachte, die heute an deutschen Universitäten herrscht, wo hochspezialisierte, fachlich qualitätsevaluierte, perfekt angepasste, eloquente, glattgelutschte Professor:innen ihre drittmittelrelevante Mainstream-Forschungscluster-Mittelmäßigkeit und Post-Bologna-Geschäftigkeit selbst für exzellent erklären, ist die Erinnerung an Jacob Taubes doppelt wertvoll.

Das ist kein nostalgischer Rückblick auf meine Studienzeit bei Taubes, die wahrlich keine einfache war, menschlich wie politisch. Denn er war – nach der Shoah und als Überlebender der Apokalypse des europäischen Judentums – so sehr ein unglücklicher Gnostiker des 20. Jahrhunderts, dass es ihm eigentlich gleichgültig war, ob diese «gegengöttliche Welt» (so die *Abendländische Eschatologie* 1947) durch einen Atomkrieg, durch Überbevölkerung oder durch die Klimakatastrophe zugrunde gehen würde. Die Zukunft unserer Welt hat ihn nicht interessiert, sondern die Figuren ihres Endes. Den (Rück)Blick auf die Weltgeschichte als Trümmerfeld teilte er mit Benjamins Angelus Novus. An der Revolution hat ihn das Abräumen begeistert, nicht die Zukunftsperspektive. Er war prinzipiell unkonstruktiv und immer schon «letzte Generation». Diese nihilistische Haltung zur Welt (und zu Menschen) fand ich schon in den 1980er Jahren schwer erträglich. Faszinierend anders bleibt sie dennoch.

Christoph Schulte

Keine Fristverlängerung

Die unleugbaren Tatbestände des Klimawandels werfen eine metaphysische Frage auf. Sie zeigen in den Worten von Jacob Taubes, dass Zeit zuerst und zuletzt Frist ist. Dabei geht es nicht um vereinbarte Klassenziele, das wahrscheinliche Verfehlen oder unwahrscheinliche Erreichen eines bestimmten Grades der mittleren Erderwärmung, sondern um die grundstürzende Einsicht, dass die Erde für den Menschen nicht geschaffen ist. Selbst wenn sich die Regierungen dieser Erde auf einer Klimakonferenz darauf geeinigt hätten, alles Mögliche zu tun, dass bis 2030 alle heute vorstellbaren Klimaziele erreicht werden, wird mit dem Wachsen der globalen Mittelklasse in Südostasien und im Subsahara-Afrika alles, was für den Augenblick gewonnen ist, auf längere Sicht wieder in Frage gestellt werden. Zwar wird die Erdbevölkerung ab 2045 allmählich zurückgehen, aber die Erde wird sich von den Menschen nicht so schnell erholen. Jedes menschliche Leben hinterlässt einen ökologischen Fußabdruck, der sich der Erde einprägt und nicht wieder zu tilgen ist. Es scheint von Anfang an nur «vorletzte Generationen» gegeben zu haben.

Vermutlich hätte sich Jacob Taubes für solche klimasensiblen Gedankengänge nicht sonderlich interessiert. Er war ein Denker des weltanschaulich überhitzten 20. Jahrhunderts, der auch angesichts des Holocaust nicht von der Idee der Revolution lassen wollte. Sein Kapital, das er gegen das deutsche Nachkriegsdenken, so wie es in der Gruppe *Poetik und Hermeneutik* und in der *Suhrkamp Culture* zelebriert wurde, ohne jede Hemmung ausspielte, war das Bewusstsein eines doppelten Bruchs: des «Revolutionsbruchs» der Oktoberrevolution und des «Zivilisationsbruchs» der Vernichtung der europäischen Juden. In beiden Fällen zeigte sich eine «Jetztzeit» (Walter Benjamin), die das Kontinuum der Geschichte, so wie man sie bisher kannte, aufsprengte.

Taubes ist dem Denken dieses doppelten Bruchs offenbar nie Herr geworden. Dem rhapsodischen Stil seiner mündlichen Interventionen und schriftlichen Aversionen fehlte das «Genie des Ressentiments», dem er sich bei Martin Heidegger und Carl Schmitt nicht zu verschließen vermochte. Der Antinomismus, mit dem er nicht nur seinerzeitige Jungmenschen wie Susan Sontag und Avital Ronell, Henning Ritter und Peter Gente beeindrucken konnte, blieb Pose. Das lag freilich nicht allein an fehlender Disziplin und mangelndem Ernst. In einer Welt ohne Gott musste das Laborieren mit einer messianischen Polemik gegen das Gesetz im Namen des Gesetzes ins Leere laufen. Gott ist durch keine Partei und keine Verfassung zu ersetzen. Jacob Taubes ist mit seiner rhetorischen Assoziationsekstatik, die Weltlichkeit der Moderne aus ihrer Nichtigkeit zu begreifen, gescheitert. Die Gnosis, die er dafür als Geheimbotschaft anbot, blieb ein Stoff für Seminare und Textsammlungen, in denen der zaubernde Professor hungrigen Bildungsaufsteigern eine Esoterik des extremen Denkens vorführte. Wer mit Hegel weiterkommen wollte, ging anschließend zu Michael Theunissen, wer mit Heidegger zu Ernst Tugendhat und wer den Rhizomen seines Lebens auf den Grund gehen wollte, landete bei der Lektüre von Deleuze und Guattari.

Taubes' Scheitern passte dann noch einmal zur «Westberliner Ökonomie» der 1980er Jahre, als eine Generation des Aufpralls unter der Parole *No Future* ihre Jetztzeit behauptete. Statt das Ganze anzuprangern, wollte man im Hier und Jetzt etwas bewirken. Hausbesetzungen, der Punk und die Schlacht von Brokdorf bildeten einen präsentistischen Komplex.

Mit Taubes konnte man Luhmann überholen. Man könne sich doch nicht damit begnügen, mit der Kontingenz des eigenen Daseins zurechtzukommen, es ginge vielmehr darum zu begreifen, dass das Ganze in jedem Moment auf dem Spiel stehe. Aber man wusste damals auch, dass man den Beweis dafür schon selbst antreten muss.

Ein solcher Taubes-Effekt wäre womöglich auch heute nicht schlecht. Man muss irgendwie zu einem Denken stehen, das einen überfordert. Taubes hat in einer Welt, die von Gott verlassen worden ist, weder Tröstungen bei der Kunst noch bei der Philosophie gesucht. Die Kunst war für ihn in der Nachfolge Hegels immer nur die zweitbeste Lösung. Kunst macht die Nichtigkeit der Welt anschaulich, aber sie lässt einen in der Ohnmacht der Beobachtung zurück. Die Philosophie kann die Misere des Ganzen vielleicht denken, doch sie verleugnet den energetischen Sitz der Reflexion im Leben. Auf der gebeutelten Erde hat selbst das absolute Wissen einer letzten Reflexion seine Frist.

Zuletzt hat sich Taubes in seiner irren Lage der Hilfe des Juden Paulus versichert, für den Christus der Messias war, der die Geschichtlichkeit des einen Gottes verwirklicht hat. Aber er hatte nicht mehr den Mut, daraus die Konsequenz zu ziehen: dass nicht nur die Lebenszeit, um die Kategorien seines Kombattanten aus «Poetik und Hermeneutik»-Zeiten Hans Blumenberg aufzugreifen, sondern auch die Weltzeit unter dem Gesetz der Frist steht. Aus dieser Schlussfolgerung ergibt sich eine Antwort auf die ontologische Frage des Klimawandels: Wenn Zeit Frist ist, dann steckt in jedem Augenblick das ganze Leben.

Heinz Bude

Bildnachweis:
Abb. 1: DLA Marbach (A: Szondi).

ALEXANDRA KEMMERER

Kleiner Schwanengesang auf das amerikanische Jahrhundert

«Es gibt keinen Weg zurück in den Stand der Unschuld.» Am Ende der Diskussion kam Fritz Stern an diesem Abend am Wannsee auf einen Satz zurück, den Michael Stolleis an den Beginn seines Vortrags «Teaching International Law under the Swastika» gestellt hatte. Für einen Amerikaner habe dieser Satz im Jahrzehnt des Irakkrieges und der Terrorbekämpfung eine besondere Bedeutung, bemerkte der deutschamerikanische Historiker, «in Zeiten, in denen man sich – unter sehr anderen Vorzeichen – mit der Frage auseinandersetzen muss, wie das Recht interpretiert und wie es fehlinterpretiert wird».

Stolleis hatte sich in seinen Ausführungen auf ein Kapitel der Geschichte des öffentlichen Rechts in Deutschland beschränkt. Er untersuchte völkerrechtliche Konzeptionen wie die «Großraumordnung», mit der Carl Schmitt seit 1939 an geopolitisches Schrifttum der Zwischenkriegszeit anknüpfte und zugleich eine Rechtfertigung des Angriffskrieges unternahm. 1933 war das Völkerrecht in Deutschland eine von Professoren geprägte Disziplin gewesen, ein hoher Anteil darunter jüdischer Herkunft. Sie wurden ermordet oder, wie Hans Kelsen, Erich Kaufmann und Georg Schwarzenberger, in die Emigration getrieben. Für Rechtswissenschaftler, die im Lande blieben, wurde es eine besonders attraktive Disziplin, denn das Völkerrecht erlaubte bis zum Beginn des Krieges Verbindungen nach außen – wurde ein «Fenster zur Welt».

Am Ende seines Vortrags zitierte Stolleis aus dem Aufsatz «Der Streit um das Völkerrecht», in dem sich Carl Bilfinger im Herbst 1944 mit den alliierten «Nachkriegsplänen» auseinandersetzte. Der gerade frisch installierte Direktor des Kaiser-Wilhelm-Instituts für ausländisches öffentliches Recht und Völkerrecht äußerte die Hoffnung, dass Deutschland nicht ganz ausgeschlossen werde bei der Etablierung «regionaler, also partikulärer Systeme, in diesem Sinne Großraumsysteme» durch zwischenstaatliche Einrichtungen und Zusammenschlüsse. Das Ausmaß der Verbrechen und der daraus folgenden internationalen Ächtung Deutschlands seien, so der Referent, im Bewusstsein Bilfingers noch nicht angekommen gewesen. Im Rückblick werde indes erkennbar, dass es mit der Gründung der Vereinten Nationen, mit der Allgemeinen Erklärung der Menschenrechte und den Nürnberger Prozessen einen wirklichen Neubeginn gegeben habe.

An diesen Neubeginn wurde an der American Academy, jener kleinen Insel transatlantischer Begegnung mit Blick auf den Ort der «Wannsee-Konferenz», in den Jahren der Amtszeit von George W. Bush mit besonderem Nachdruck erinnert. An den Neubeginn, der die USA in eine globale Führungsrolle gebracht und den Deutschen den Weg zurück in die Welt eröffnet hatte. Die Schattenseiten der 1945 begonnenen Pax Americana, jener liberalen Großraumtheorie der Ära relativen Friedens und Wohlstands in der westlichen Hemisphäre, blieben dabei nicht ausgeklammert. Der Irakkrieg 2003, Guantánamo, die Praxis humanitärer Interventionen in Somalia, Haiti und im Kosovo, das schwindende Engagement der USA für internationale Organisationen, deren Gründung sie einst maßgeblich vorangetrieben hatten – all dies bot Stoff für Diskussionen. In der Academy war Amerika noch so, wie man es schätzte und kannte: liberal, international, großzügig, dem alten Europa freundlich zugeneigt. Aber auch leidenschaftlich engagiert und überzeugt von der eigenen Mission und Aufgabe. Bevor die Exzellenzinitiative den klammen deutschen Universitäten die Reise- und Einladungskasse füllte und regen transatlantischen Workshoptourismus in Gang brachte, konnte man in der alten Villa Arnhold Gelehrte, Künstler und Intellektuelle treffen, deren Bücher man sonst nach einer Begegnung in New York oder New Haven in prallen Koffern am JFK eincheckte. Oder sich von Strand Books auf dem Seeweg liefern ließ.

Die American Academy war ein Ort der Transnationalisierung der deutschen Rechtskultur und Rechtswissenschaft, lange bevor sie sich selbst darum bemühte. Zum 60. Jahrestag der Eröffnung des ersten Nürnberger Hauptkriegsverbrecherprozesses zeichnete der Präsident des Internationalen Strafgerichtshofs, der Kanadier Philippe Kirsch, in einem Abendvortrag ein Porträt seines noch jungen Gerichts, im Kontext der vielgestaltigen Instrumentarien rechtlicher Konfliktbewältigung, von Wahrheits- und Versöhnungskommissionen bis hin zu internationalisierten Sondergerichten. Versöhnung war da auch im *Lecture Room* des Hans Arnhold Center angesagt, denn bei der morgendlichen Konferenz im Bundesjustizministerium hatte ein Zwischenruf des früheren amerikanischen Botschafters John C. Kornblum für Verstimmung gesorgt, mit dem er auf die Forderung nach einer positiveren Haltung der Vereinigten Staaten zum Internationalen Strafgerichtshof reagierte. Kornblum verwies dabei unter anderem auf die «psychologische Schwierigkeit» der Europäer, die amerikanische Großmachtstellung zu akzeptieren.

Abends am Wannsee ließ es sich Hans Corell, langjähriger Rechtsberater der Vereinten Nationen, nicht nehmen, an die Vergänglichkeit aller Hegemonie zu erinnern und Fürsprechern selbstbewusster Großmachtpolitik den Weg ins Pergamonmuseum zu empfehlen. Von seinem Lehrer, dem Völkerrechtler Philip Jessup, hatte Corell den genauen Blick auf die unzähligen Formen grenzüberschreitender Beziehungen zwischen Staaten und nichtstaatlichen Akteuren gelernt, mit einem Wort – «Transnational Law». Unter dieser Fahne segelte schon Shepard Stone, der in den fünfziger und sechziger Jahren als Direktor der Internationalen Abteilung der Ford Foundation Millionenspenden nach West-Berlin vermittelte.

In Berlin gründete Stone 1974 auf der Insel Schwanenwerder zwischen Wannsee und Havel den europäischen Ableger des Aspen Institute, untergebracht in einem modernen Bungalow auf einem weitläufigen Grundstück mit Geschichte: Hier hatte, nur einen Katzensprung von der Filmstadt Babelsberg entfernt, Hitlers feierfreudiger Propagandaminister Joseph Goebbels residiert und aus sicherer Entfernung die nächtlichen Bombardierungen Berlins beobachtet. Goebbels' Haus war nach dem Krieg abgerissen worden, nur sein privater Luftschutzbunker blieb teilweise erhalten. Mit über 270 Tagungen und Seminaren machte Stone das Institut in der Frontstadt zu einer Institution deutsch-amerikanischer Begegnung im Kalten Krieg. Mit knapper werdenden öffentlichen Zuwendungen begann der Ruhm Ende der 1990er zu verblassen. Der Neocon Jeffrey Gedmin, 2001 bis 2007 Direktor des Aspen am Wannsee, machte sich in Berlin wenig Freunde, als er entschieden für den Irakkrieg eintrat und der EU, die er für einen historischen Irrtum hielt, bescheinigte, sie sei zum «merkwürdigen Experiment in bürokratischem Sozialismus geworden». Das Grundstück am Wannsee wurde verkauft, das Aspen Institute zog vom Wannsee in die Friedrichstraße um.

Die American Academy, das jüngere Gegenüber am anderen Seeufer, blieb ein Ort des Gesprächs über die Veränderungen Amerikas: den Aufstieg der Religiösen Rechten, die Aushöhlung demokratischer Institutionen, breite gesellschaftliche Wohlstandsverluste. Am Wannsee arbeitete George Packer an einigen Kapiteln seines Buchs *Die Abwicklung* (2013), jener «inneren Geschichte des neuen Amerika», die in vierzehn Einzelporträts den Niedergang des amerikanischen Erfolgsmodells von Wohlstand und Demokratie beschreibt. In *Our Man. Richard Holbrooke and the End of the American Century* (2019), soeben in deutscher Übersetzung bei Rowohlt erschienen, schildert Packer entlang der Biographie des einflussreichen, in seinen letzten Lebensjahren aber zunehmend glücklosen Diplomaten das Ende jenes amerikanischen Jahrhunderts, das sich am Sandwerder immer wieder in den Wellen des Wannsees spiegelte.

Das Prinzip Subjektivität

Abschied von Dieter Henrich

Dass ich Dieter Henrich kennenlernen durfte, verdanke ich der Konstellation einer Marbacher Tagung über die «Marburger Hermeneuten». Mein Freund Matthias Bormuth hatte die Idee, den damals bereits 79-jährigen Philosophen einzuladen. 1927 in Marburg geboren, war Henrich den Marburger philosophischen Giganten der Vorkriegszeit, Heidegger und Bultmann, noch persönlich begegnet, Hans-Georg Gadamer wurde in Heidelberg sein akademischer Mentor, Karl Löwith ein Gesprächspartner, und Leo Strauss besuchte er mehrfach in den USA. Über all diese Menschen und seine Begegnungen mit ihnen konnte Henrich aus dem Stegreif sprechen. Uns begeisterte seine Beschreibungskunst, seine Fähigkeit, Personen und ihre Positionen, Ereignisse und Orte in wenigen Strichen anschaulich zu vergegenwärtigen und zugleich philosophisch zu deuten. Im Lauf der kommenden Jahre führten Matthias und ich in manchmal längeren, manchmal kürzeren Abständen mit Dieter Henrich in München und in Stuttgart eine Reihe von weiteren Gesprächen über sein Leben und seine Werke, die als *Ins Denken ziehen. Eine philosophische Autobiographie* ein Jahr vor seinem Tod erscheinen konnten.[1]

Sollte ich mit einem Wort zusammenfassen, welche der Eigenschaften Dieter Henrichs mich besonders beeindruckt hat, würde ich sagen: seine Heiterkeit, wenn man diese im Sinn von Klarheit und Helligkeit versteht, so wie man etwa von einem «heiteren» Himmel spricht. «Sich etwas klarzumachen», war eine seiner typischen Redewendungen. Man merkte, dass sein Disziplinen übergreifendes Wissen nicht nur aufgelesen war, sondern dass er darüber viele Jahre nachgedacht, gesprochen und geschrieben hatte. Dabei standen ihm, der sich selbst als «Kantianer in einer bestimmten Variation» bezeichnete, die Grenzen des Wissbaren vor Augen. Im Gespräch pochte er nicht auf die Autorität, die er gleichwohl ausstrahlte, vielmehr wollte er seine Gesprächspartner «ins Denken ziehen», nämlich dazu bringen, über die jeweilige Sache aus eigener Kraft Klarheit zu gewinnen. Diese Haltung und die sich daraus ergebende Offenheit und Zugewandtheit machten jedes Gespräch zu einem Erlebnis und erzeugte eine eigenartig gelöste, heitere Atmosphäre.

Er berichtete uns, welche Rolle seine Eltern und ihre religiöse Einstellung für seine Entscheidung für die Philosophie spielten und wie er als Schüler die nationalsozialistische Diktatur und den Krieg erfahren hatte. Das Kriegsende, das er mit 18 Jahren erlebte, empfand er wie viele damals jungen Leute als Befreiung, als Eröffnung neuer geistiger Horizonte. In Heidelberg befreundete er sich Anfang der 1950er Jahre mit einigen gleichaltrigen Geisteswissenschaftlern, die er später in der Forschergruppe *Poetik und Hermeneutik* wieder traf. 1960 folgte er einem Ruf an die FU Berlin, dann ging er für einige Jahre zurück nach Heidelberg, bevor er von 1981 bis zu seiner Emeritierung als Ordinarius in München lehrte. Über viele Jahre hinweg war Henrich Gastprofessor an den großen amerikanischen Universitäten.

Wie der zwei Jahre jüngere Jürgen Habermas versuchte Henrich die deutsche philosophische Tradition zu modernisieren. Beide setzten sich mit den neueren Entwicklungen der analytischen Philosophie und der modernen Soziologie auseinander, die sie in den USA aus erster Hand kennenlernten. Doch sie kamen zu unterschiedlichen Ergebnissen. Während Habermas ausgehend von Max Weber eine soziologische Theorie der Moderne entwarf, die sich auf Erkenntnisse der Sprechakttheorie, der Sozialpsychologie und der amerikanischen Soziologie stützte, ging Henrich weiter zurück zum deutschen Idealismus. In den Subjektivitätstheorien von Kant, Fichte und Hegel fand er einen Ansatzpunkt, den er unter den Bedingungen der Moderne neu befragte und zur Geltung brachte. Anders als Habermas hielt Henrich die Subjektivität für eine Gegebenheit, die sich nicht aus Phänomenen der Intersubjektivität, der Gesellschaft oder der Sprache ableiten und erklären lasse.

Abb. 1
Dieter Henrich 1951, möglicherweise beim Überarbeiten seiner Doktorarbeit «Die Einheit der Wissenschaftslehre Max Webers» für den Druck.
Foto: privat.

Bereits seine Dissertation *Die Einheit der Wissenschaftslehre Max Webers* von 1950 zeigt die für ihn charakteristische Weise der Interpretation, die in konzentrierter Lektüre Grundgedanken behutsam freilegt und auf ihre noch unausgeschöpften Potentiale hin abklopft. Die Einheit der wissenschaftstheoretischen Schriften Webers beruht nach Henrichs Untersuchung auf einem kantischen Verständnis der Persönlichkeit, das vor allem die Forderung enthält, das eigene Leben müsse «bewußt geführt» werden.[2] Diese Idee ließ Henrich nicht mehr los. Der Titel *Bewußtes Leben*, den er mehr als fünfzig Jahre später für einen eigenen Reclam-Band fand, bezeichnet das Thema eigentlich aller seiner Bücher. Bis zu seinem Lebensende artikulierte er wiederholt sein Staunen darüber, dass es so etwas wie eine Selbstbeziehung überhaupt gibt. Und in zahlreichen Anläufen suchte er das «Prinzip Subjektivität» immer genauer zu fassen, zu begründen und zu bedenken, was sich aus ihm folgern lässt.

Wie wenig er von den jeweiligen Zeitströmungen und Moden abhängig war, zeigte bereits sein Aufsatz über *Fichtes ursprüngliche Einsicht* von 1966. Man muss sich klarmachen, dass Henrichs Interesse an Subjektivität in einer Zeit erwachte, in der das Subjekt ansonsten nicht mehr als Gegenstand tieferen Nachdenkens galt – weder bei Heidegger und seiner Schule, die Subjektivität mit Herrschaftswillen gleichsetzte, noch bei den Sprachanalytikern, Strukturalisten oder Marxisten, die das Subjekt lediglich als Effekt des Sprachgebrauchs oder als Epiphänomen gesellschaftlicher Systeme betrachteten.

In Büchern wie *Versuch über Kunst und Leben* (2001), *Denken und Selbstsein* (2016) zeigte Henrich, inwiefern kognitive, ästhetische und sittliche Bewusstseinsformen im Selbstbewusstsein gründen und sich aus ihm entfalten lassen. Dabei klammert er spekulative oder metaphysische Gedankengänge, die durch einen positivistischen Begriff von Philosophie in Verruf geraten waren, keineswegs aus. Denn seiner Auffassung nach bleibt es eine der wichtigen Aufgaben der Philosophie wie auch der Literatur, Fragen der Lebensorientierung in ihrer Abgründigkeit und Offenheit anzusprechen (*Sein oder Nichts. Erkundungen um Samuel Beckett und Hölderlin,* 2016). Auch in dieser Hinsicht haben seine unzeitgemäßen Gedanken tiefe Spuren in der Ideengeschichte der deutschen Nachkriegszeit hinterlassen. Man trifft auf sie nicht nur bei seinen zahlreichen Schülern, etwa bei Manfred Frank, sondern unvermutet auch bei Autoren wie dem einst sehr einflussreichen Marxisten Hans Heinz Holz oder dem Theologen Ulrich Barth.

Neben der eher systematischen Entfaltung philosophischer Fragen ging es Henrich immer auch um philosophiehistorische Forschungen. Er analysierte, wie und unter welchen Bedingungen epochale philosophische Werke entstehen (*Werke im Werden,* 2011), und rekonstruierte in umfangreichen Büchern die einzelnen Phasen der idealistischen Philosophie zwischen Kant und Hegel, indem er im Detail die jeweiligen Diskussionszusammenhänge nachzeichnete (*Hegel im Kontext,* 1971; *Konstellationen,* 1991; *Der Grund im Bewußtsein. Untersuchungen zu Hölderlins Denken,* 1992).

Diese neue Art der Forschung, die Philosophiegeschichte als ein komplexes dynamisches Netzwerk von Akteuren betrachtet, fasste er unter dem Namen «Konstellationsforschung» zusammen. Sie führte ihn sowie seine Mitarbeiterinnen und Mitarbeiter über viele Jahre zu den Quellen in Bibliotheken und Archiven. Schließlich kannte er die verzweigten Wege der Diskussionen um 1800 so gut, dass er als Erster die Bedeutung von Immanuel Carl Diez erkannte, einem bis dahin kaum noch bekannten Lehrer von Schelling, Hegel und Hölderlin, dessen verschollenen Nachlass Henrich aufspürte und sorgfältig edierte (*Immanuel Carl Diez, Briefwechsel und Kantische Schriften,* 1997).

Dieter Henrich war Mitarbeiter zahlreicher Forschergruppen, Arbeitskreise und Buchreihen – unter anderem der Theorie-Reihe im Suhrkamp Verlag. Aber vor allem hat er durch seine eigene Philosophie der Subjektivität die Ideengeschichte der letzten sieben Jahrzehnte geprägt. Was es bedeutet, sein Leben bewusst zu führen, hat er nicht nur theoretisch erklärt, sondern auch praktisch vorgelebt. Er wird vielen Lesern fehlen, auch unserer Zeitschrift, deren Beiträger er war und die er von ihren Anfängen an im Beirat beschirmte.

Ulrich von Bülow

1 Vgl. Dieter Henrich: Ins Denken ziehen. Eine philosophische Autobiographie. Im Gespräch mit Matthias Bormuth und Ulrich von Bülow, München 2021.

2 Dieter Henrich: Die Einheit der Wissenschaftslehre Max Webers, Tübingen 1952, S. 128. (Die von Henrich zitierte Wendung findet sich in: Max Weber: Gesammelte Aufsätze zur Wissenschaftslehre, Tübingen 1922, S. 469.)

Die Autorinnen und Autoren

MARITTA ADAM-TKALEC
geb. 1956, ist Politische Korrespondentin der Berliner Zeitung.

ALEIDA ASSMANN
geb. 1947, ist Professorin Emerita für englische Literatur und Allgemeine Literaturwissenschaft an der Universität Konstanz. 2020 ist erschienen *Die Wiedererfindung der Nation. Warum wir sie fürchten und warum wir sie brauchen.*

JAN ASSMANN
geb. 1938, ist Professor Emeritus für Ägyptologie an der Universität Heidelberg. 2020 ist erschienen *Kult und Kunst. Beethovens Missa Solemnis als Gottesdienst.*

JENS BISKY
geb. 1966, ist Chefredakteur der Zeitschrift Mittelweg 36. 2019 ist erschienen *Berlin. Biographie einer großen Stadt.*

MONICA BLACK
ist Professorin für die Geschichte des modernen Europas an der University of Tennessee, Knoxville. 2021 ist erschienen *Deutsche Dämonen.*

FRANK BÖSCH
geb. 1969, ist Professor für Europäische Geschichte des 20. Jahrhunderts an der Universität Potsdam. 2019 ist erschienen *Zeitenwende 1979. Als die Welt von heute begann.*

NORBERT BOLZ
geb. 1953, ist Professor Emeritus für Medienwissenschaft an der TU Berlin. 2021 ist *erschienen Keine Macht der Moral!.*

HEINZ BUDE
geb. 1954, ist Gründungsdirektor des documenta-Instituts in Kassel und hat als Teil des Autorinnen-Künstlerkollektivs «Bude Munk Wieland» 2020 den Roman *Aufprall* veröffentlicht.

ULRICH VON BÜLOW
geb. 1963, leitet die Abteilung Archiv im Deutschen Literaturarchiv Marbach. Aus zusammen mit Matthias Bormuth geführten Gesprächen mit Dieter Henrich ist 2021 die Autobiographie *Ins Denken ziehen* entstanden.

JAN BÜRGER
geb. 1968, ist Leiter des Siegfried Unseld Archivs des Deutschen Literaturarchivs Marbach. 2023 ist erschienen *Wilhelm Genazino: Der Traum des Beobachters. Aufzeichnungen 1972–2018* (Hrsg. zus. mit Friedhelm Marx).

DIETER GRIMM
geb. 1937, ist Bundesverfassungsrichter a.D. und Permanent Fellow am Wissenschaftskolleg zu Berlin. 2022 ist erschienen *Die Historiker und die Verfassung. Ein Beitrag zur Wirkungsgeschichte des Grundgesetzes.*

DEBORAH HARTMANN
geb. 1984, ist Politikwissenschaftlerin und leitet die Gedenk- und Bildungsstätte Haus der Wannsee-Konferenz.

MARTIN HOLLENDER
geb. 1965, ist Referent in der Generaldirektion der Staatsbibliothek zu Berlin – Preußischer Kulturbesitz. 2021 ist erschienen *Ludwig Darmstaedter. Chemiefabrikant – Sammler – Mäzen.*

ALEXANDRA KEMMERER
geb. 1972, ist Referentin am Max-Planck-Institut für ausländisches öffentliches Recht und Völkerrecht, dessen Berliner Büro sie leitet.

ANKE KLARE
geb. 1970, ist Archivarin im Geheimen Staatsarchiv – Preußischer Kulturbesitz.

MICHAEL KRÜGER
geb. 1943, ist Dichter, Schriftsteller und war bis 2013 literarischer Leiter des Carl Hanser Verlags. 2022 ist erschienen *Über Gemälde von Giovanni Segantini.*

SIBYLLE LEWITSCHAROFF
geb. 1954, lebt als Schriftstellerin in Berlin. 2021 ist erschienen *Warum Dante?.*

THOMAS MACHO
geb. 1959, ist Kulturwissenschaftler und Direktor des Internationalen Forschungszentrums Kulturwissenschaften in Wien. 2022 ist erschienen *Warum wir Tiere essen.*